Brian Lyles ▪ Jason Lyles

Gebäude aus LEGO® Steinen

Häuser ▪ Ladenzeilen ▪ Zubehör

HEEL

HEEL Verlag GmbH
Gut Pottscheidt
53639 Königswinter
Tel.: 02223 9230-0
Fax: 02223 9230-13
info@heel-verlag.de
www.heel-verlag.de

2. Auflage 2021

Originalausgabe:

Originaltitel: *The LEGO® Neighborhood Book 2*
Original-ISBN 978-1-59327-930-1

Published by
No Starch Press, Inc.
245 8th Street, San Francisco, CA 94103

Autoren: Brian und Jason Lyles
Verleger: William Pollock
Produktion: Riley Hoffman
Covergestaltung: Mimi Heft
Coverillustration: Mattia Zamboni
Entwicklungsredaktion: Tyler Ortman
Satz: Riley Hoffman und Danielle Foster
Bildbearbeitung: Zane Foster
Korrektorat: Emelie Burnette

Deutsche Ausgabe:
Satz: Axel Mertens, HEEL Verlag GmbH
Übersetzung und Projektleitung: Ulrike Reihn-Hamburger
Beratung: Joachim Klang

Printed in Slovenia

ISBN 978-3-95843-960-3

Inhalt

★ = Seiten mit Bauanleitungen

Vorwort

In unserem ersten Buch, *Häuser aus LEGO® Steinen* hatten wir großen Spaß daran, euch Techniken zum Bau eigener Häuser zu zeigen und euch mit unseren Ideen zu inspirieren. Diesmal möchten wir mit euch durch einige neue Stadtviertel auf Tour gehen und euch zeigen, wie sie sich zu einer größeren Stadt verbinden. Auf dem Weg schauen wir uns einige neue Techniken an, entdecken coole Bauprojekte, checken einige Architekturstile und erwecken eure eigene City zum Leben.

Wir können es kaum erwarten, euch unsere neuen Kreationen zu zeigen – aber bevor wir loslegen, schaut euch hier erst einmal den kurzen Überblick an über den Standard der modularen Bauweise, auch *Café-Corner-Standard* genannt.

Die Gebäude verbinden sich zu Blöcken oder Reihen.

Basis-Größe

Alle bisher erschienenen Modularhäuser-Sets verwenden eine 32x32-Noppen Basisplatte, entweder aus einer einzelnen 32x32-Baseplate oder aus zwei 16x32-Platten. Um diesem Standard gerecht zu werden, müsst ihr also auch in 16-Noppen-Schritten bauen: 16x32, 32x32, 48x32 usw. Durch die Verbindung mehrerer Baseplates könnt ihr natürlich auch größere Gebäude erschaffen.

Eine 16x32-Basisplatte im Vergleich mit einer 32x32-Baseplate.

Gebäude verbinden

Die Gebäude werden an der Basisplatte mithilfe von LEGO® Technic Pins verbunden. Verwendet vier Technic Steine (Teile-Nr. 3700) und zwei Technic Pins (Teile-Nr. 2780) für jede Basisplatte.
Natürlich müsst ihr diese Technic Steine gleichmäßig platzieren, damit sie mit denen der anderen Gebäude zusammenpassen.
Für ein Eckgebäude bleibt die Platzierung der Technic Steine gleich: Behaltet immer das rechts gezeigte Muster von 9 Noppen, 10 Noppen, 9 Noppen bei.

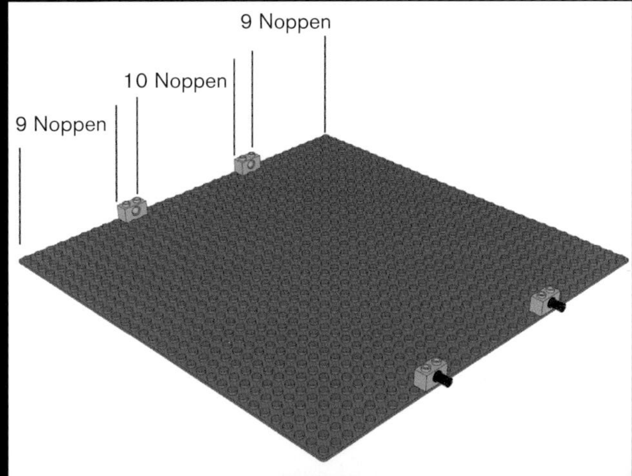

Auch wenn ihr noch keine Gebäude habt, solltet ihr aus Planungsgründen zunächst die Technic Teile platzieren.

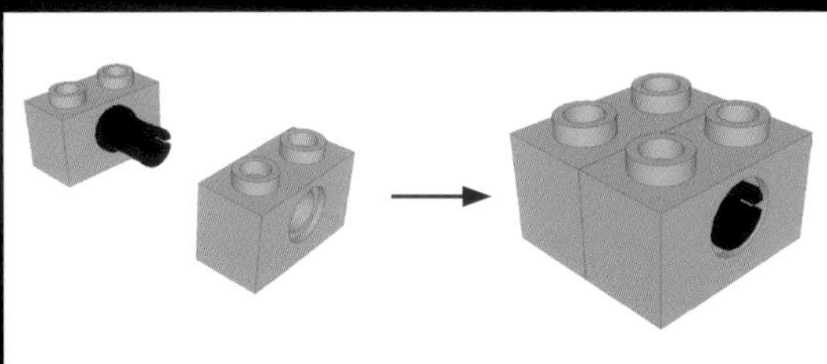

Technic Pins halten eure Stadt zusammen. Sie erlauben euch auch, die Häuser einzeln zu bauen und dann zu verbinden.

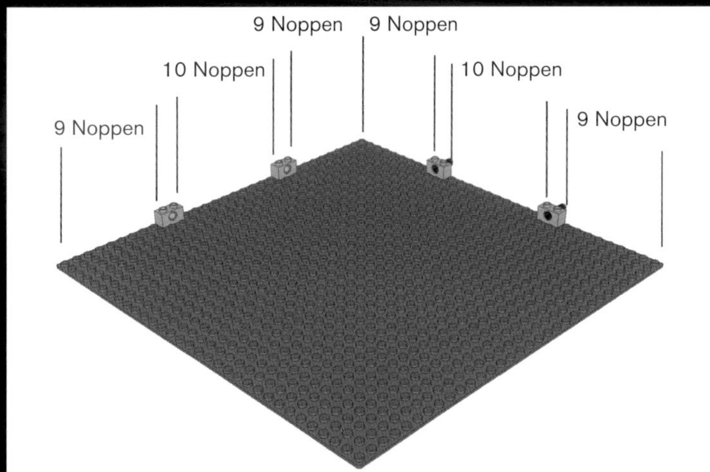

Eckgebäude behalten dieselben Verbindungen in denselben Abständen, nur an der anderen Kante der Basisplatte.

DANN LASST UNS MAL LOSLEGEN UND HERAUSFINDEN, WIE MAN COOLE GEBÄUDE BAUT.

1 Wohngebiet

Amerikanischer Kolonialstil

Der Amerikanische Kolonialstil ist in älteren Städten entlang der Ostküste der USA weit verbreitet. Ältere Häuser, wie dieses hier, haben keine ausgefallenen Bögen. Weil dieses Modell ein Eckhaus ist, sind die Fassade und der effektvolle Kamin für Passanten sichtbar. Der alte Pferdeschuppen wurde zu einer Garage umgebaut.

Dieses alte Haus wurde im späten 19. Jahrhundert in den Randgebieten der Stadt gebaut. Diese kleinen Fenster auf Straßenhöhe erlauben es dem natürlichen Licht, das Erdgeschoss zu durchfluten – ein wichtiger Punkt in Zeiten ohne Elektrizität.

Dieses runde Fenster haben wir mit gegenüberliegenden Bögen-Steinen gebaut. Der untere Bogen ist nicht gesichert, aber er bleibt an seinem Platz.

Die Frontfenster werden von einer netten Zierleiste geschmückt. Die runden Säulen der Veranda rahmen die Stufen ein und stützen das Dach. Es gibt hunderte Möglichkeiten, Ornamente und Verzierungen einzusetzen, ganz nach eurem Geschmack.

An der Seite des Hauses befindet sich ein Kamin. Wenn ihr euch den Dachvorsprung genauer anseht, erkennt ihr, wo sich das Dachgeschoss von der ersten Etage trennt. Der Kamin ist so designed, dass er sich in Segmente aufteilt und vom Dach löst. So ist das Haus leichter auf- und abzubauen.

Als das Haus gebaut wurde, diente die Garage im Hinterhof als Pferdestall. Bei Garagen könnt ihr mit verschiedenen Toren experimentieren und sie hochrollen oder nach innen oder außen schwingen lassen. Oder ihr gestaltet ein detailreicheres Tor, das sich aber nicht öffnen lässt.

Dieses Haus hat einen kleinen, von einem Zaun umgebenen Garten. Nicht alle Häuser einer Straße müssen Wand an Wand aneinandergrenzen. Gassen, Gärten und Parkplätze bieten eine interessante Abwechslung.

DAS ÄUSSERE DIESES HAUSES GEFÄLLT MIR SCHON RICHTIG GUT.

LASST UNS ALS NÄCHSTES EINEN BLICK INS INNERE WERFEN!

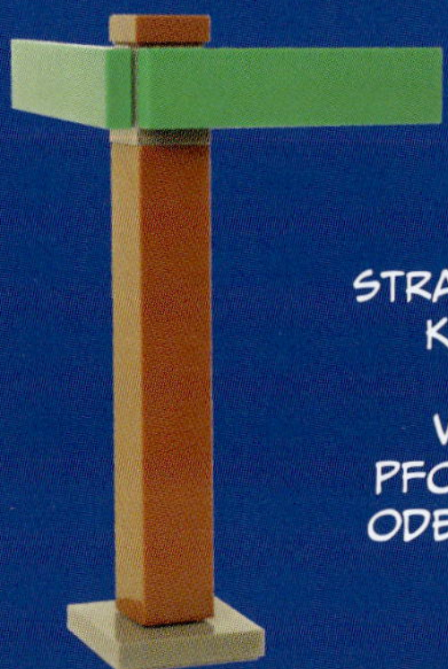

DIESES EINFACHE STRASSENSCHILD WERTET EINE KREUZUNG MÄCHTIG AUF.

VERSUCHT MAL, AN DEM PFOSTEN WEITERE SCHILDER ODER PLAKATE ANZUBRINGEN.

Innenausstattung im Kolonialstil

Das Innere eurer Häuser mit Details zu ergänzen, kann den „Wow-Faktor" eurer Stadt erhöhen. Ihr könnt die Häuser so dekorieren, dass sie die Interessen der Bewohner widerspiegeln oder eine bestimmte Zeit. Hier seht ihr einige nette Antiquitäten und Details, die zu diesem Haus passen, wie die Nähmaschine, das Klavier oder die Vertäfelung an der Wand.

WELCHE ANDEREN ANTIQUITÄTEN KÖNNTEN ZU DIESEM HAUS PASSEN?

LASST UNS MAL SEHEN, WIE MAN DAS KLAVIER BAUT.

Klavier

1

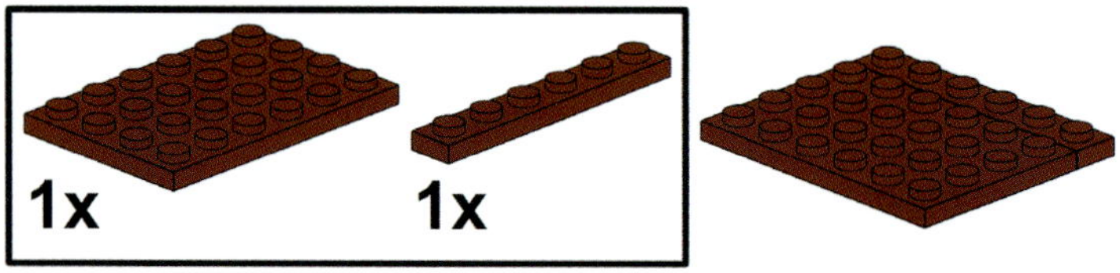

2

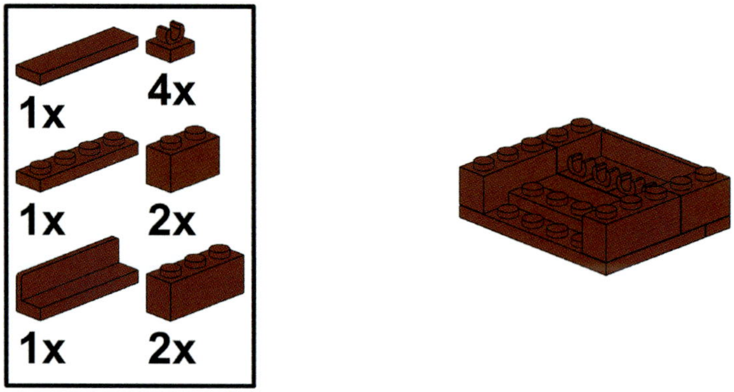

3

4

5

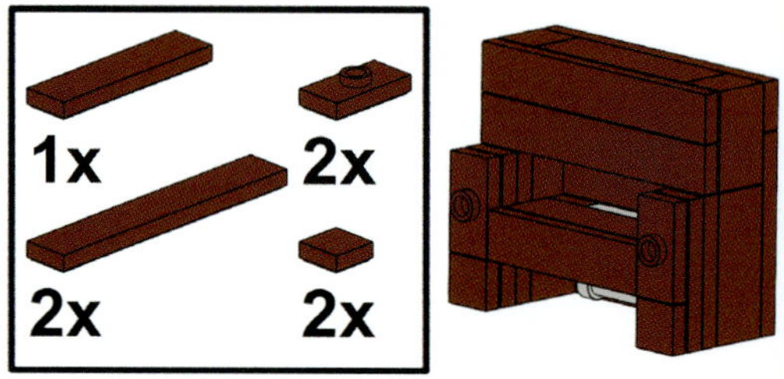

6

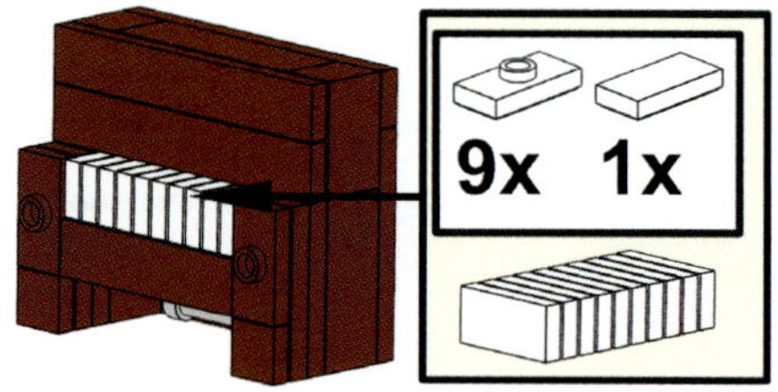

7

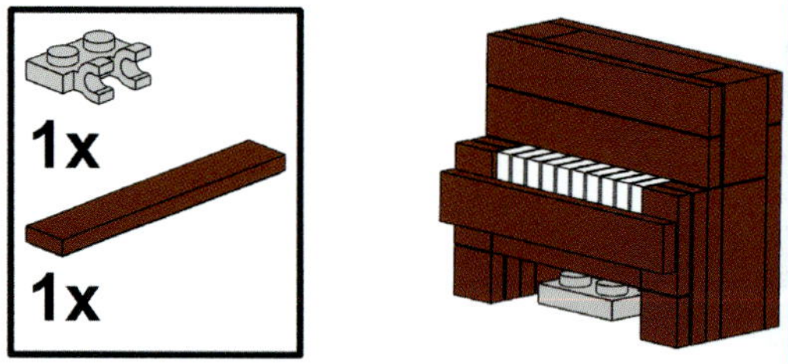

Boutique Hotel

Werft einen Blick auf die aufwendig gestalteten Fenster der oberen Etagen.

Die Fenster der unteren Etage sind mit SNOT-Techniken (studs not on top/„Noppen nicht oben“) gebaut.

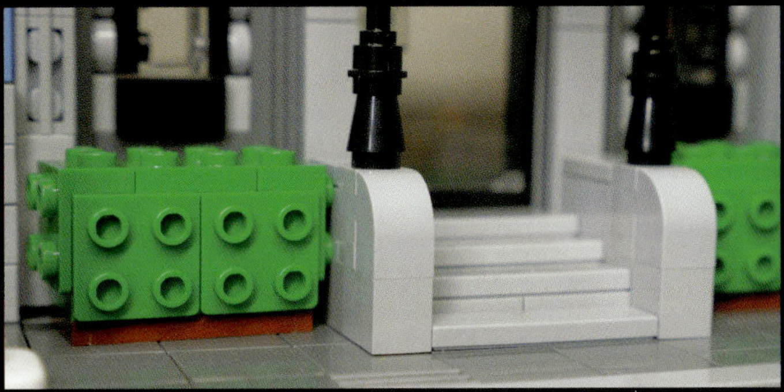

Einige Stufen führen ins Erdgeschoss des Hotels. Sauber gestutze Büsche bilden kleine Farbkleckse auf beiden Seiten.

Der Dachgiebel hat eine gewisse Eleganz, die sich in älterer europäischer Architektur öfter findet.

Über dem Eingang des Hotels und über den Fenstern des Erdgeschosses befinden sich farblich aufeinander abgestimmte rote Markisen.

Apartmenthaus im Art-déco-Stil

Das dritte Gebäude unserer Tour ist ein Apartmenthaus mit fließenden Linien und aufwendiger Ornamentik, die es eindeutig dem Art-déco-Stil zuordnen.
Art déco eignet sich besonders für LEGO®, denn er zeigt viele klare Linien, interessante Farben und relativ einfache Designs.
Die vertikalen Linien an der Front dieses Gebäudes lassen es höher erscheinen. Das helle Grau repräsentiert Metallverzierungen an der Fassade. Vier Lampen erleuchten nicht nur den Gehweg, sondern auch die Fassade.

Werft einen Blick auf die interessanten Details der Fassade. Die geschwungene Markise über der Tür und die verzierten Fenster auf jeder Seite erschaffen einen „Grand Entrance". Die Metallverzierung des unteren Gebäudeteils hat ein Stufendesign, das den Blick des Betrachters nach oben lenkt.

Diese vertikalen weißen Säulen fließen wie ein Wasserfall von der Spitze bis auf den Absatz. Sie helfen außerdem, die erste Etage mit den oberen zu verbinden.

Diese ornamentale Metallskulptur ist typisch für die Art-déco-Architektur und ein tolles Prunkstück des Gebäudes.

LASST UNS JETZT DAS INNERE ERKUNDEN.

Dies ist ein Schlafzimmer in einem der Apartments. Achtet auf die Lüftungsschlitze im Boden und die Täfelung an der Wand.

Innenausstattung im Art-déco-Stil

Interessante Möbelstücke in SNOT-Techniken: die Vitrine, das Holzbett mit Blende und das Sideboard.

LASST UNS HERAUSFINDEN, WIE MAN DIESE VITRINE BAUT.

Vitrine

1

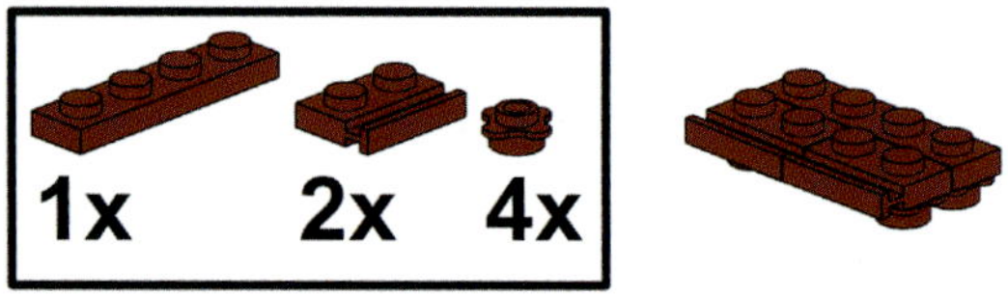

2

3

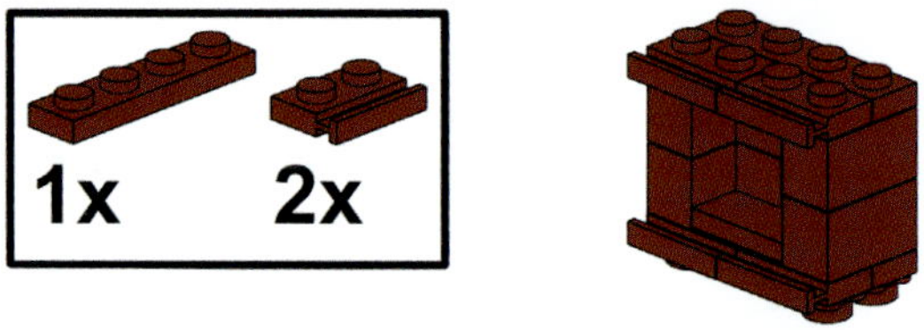

4

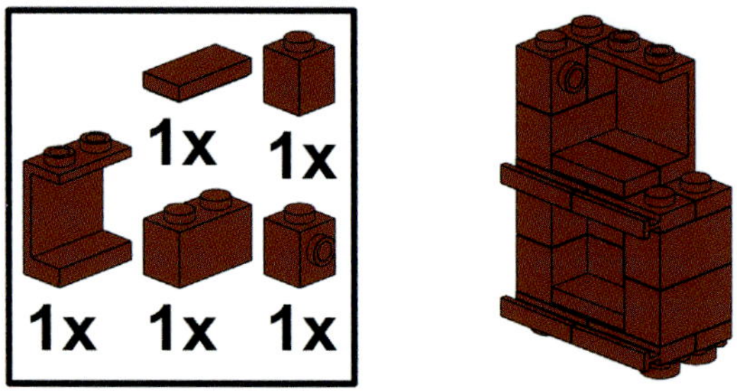

5

6

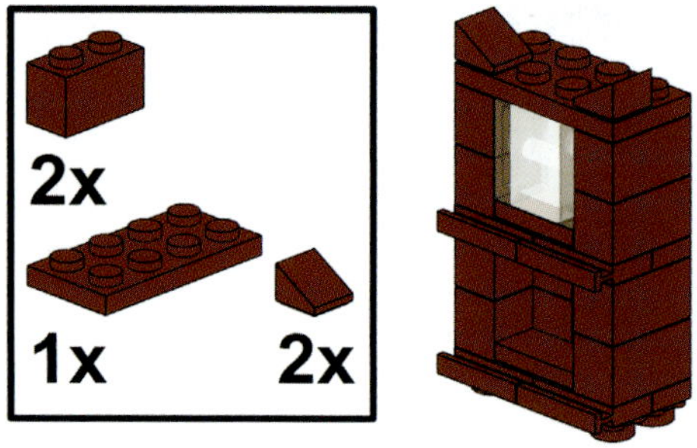

7

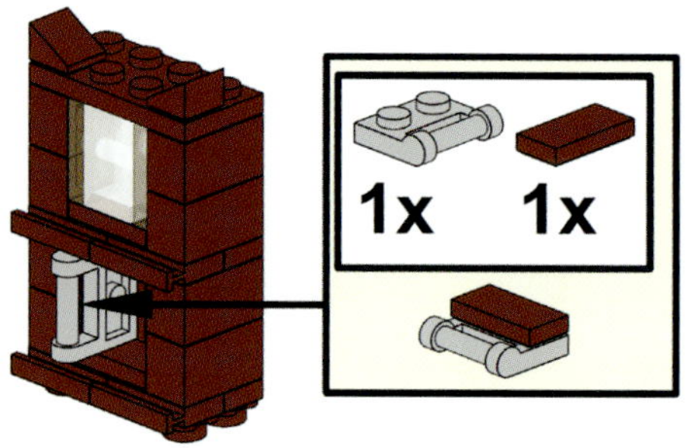

8

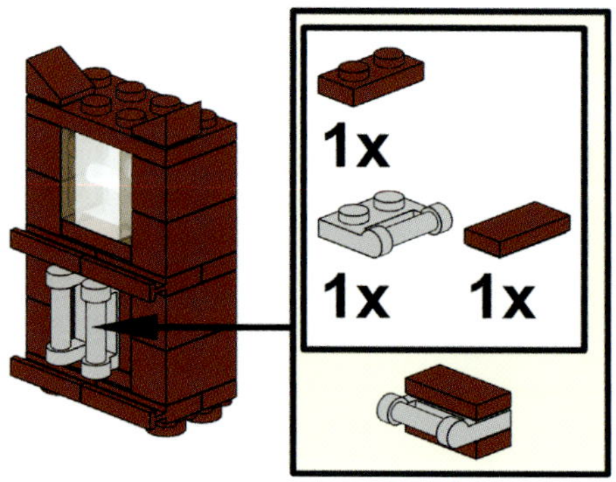

Italienisches Reihenhaus

LASST UNS WEITERGEHEN ZUM NÄCHSTEN HAUS: EINEM ITALIENISCHEN REIHENHAUS AUS DEM SPÄTEN 19. JAHRHUNDERT.

GANZ BESONDERS MAG ICH DIE AUßENBEREICHE, Z.B. DEN BAUM AUF DEM BÜRGERSTEIG, DIE BLUMEN-KÄSTEN UND DIE LAMPE.

Diese Terrasse wurde vor einigen Monaten in der Zeitschrift *Better Bricks and Gardens* vorgestellt. Der adrett gestutzte Busch basiert auf SNOT-Techniken.

LASST UNS MAL SCHAUEN,
WIE MAN DEN GRILL BAUT.

Grill

1

1x 4x
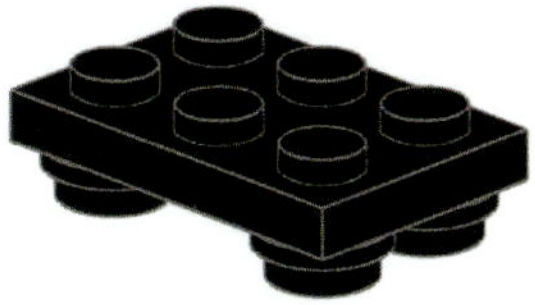

2
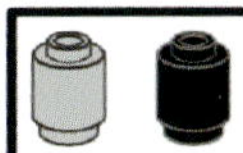
1x 4x
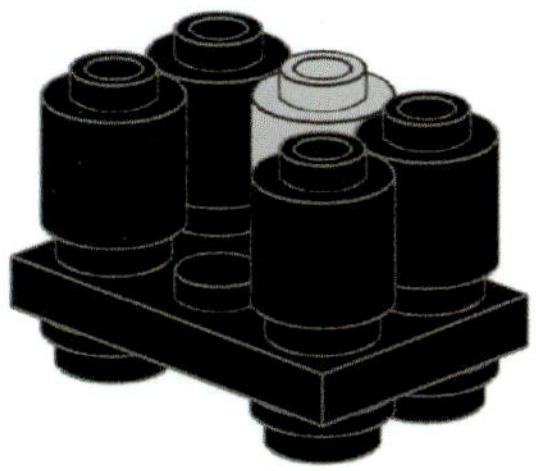

3

1x

1x
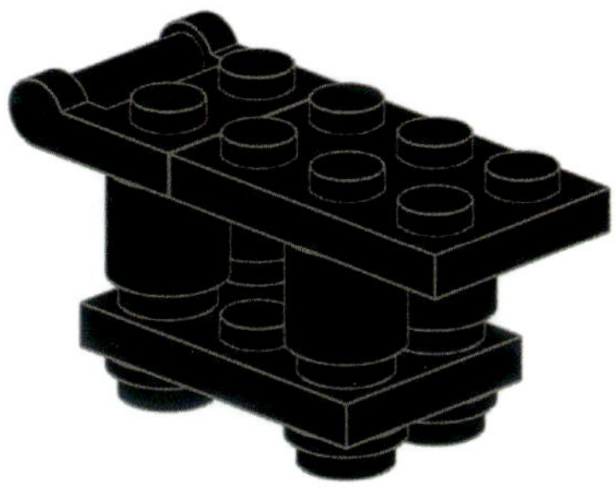

4

2x

1x
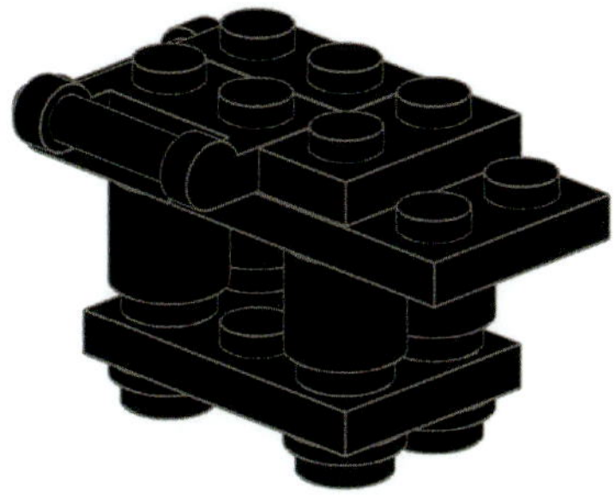

5
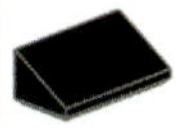
2x

1x 2x
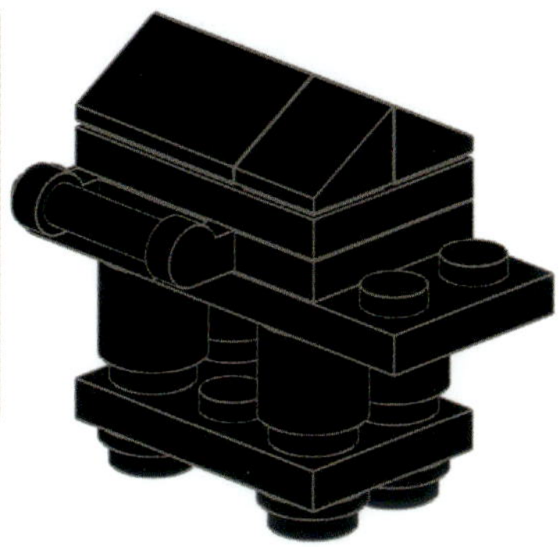

Die Ecksteine sind mit Mauersteinen mit seitlichen Noppen verbunden. Echte Ecksteine können rein ästhetisch sein oder verbaut.

Die Dachkante wurde mit Klick-Gelenk-Platten gebaut.

Ein Sicherheitsschloss öffnet das Tor zur Terrasse.

Eine geflieste Einfahrt führt zu der Garage unter der Terrasse.

DIESER PFOSTEN MIT ZWEI LAMPEN ZEIGT, DASS DAS HAUS IN EINER SCHICKEREN GEGEND STEHT.

LASST UNS REINGEHEN UND DAS INNERE UNTERSUCHEN.

Innenausstattung des Reihenhauses

Im Keller dieses Hauses findet sich ein kleines Büro. Der einzelne Stein mit der Fliese oben drauf ist ein Desktop Computer und die runde weiße Fliese ist eine Maus. Schaut euch auch den Stehtisch und die Regale an. Es sieht so aus als sei der Hausbesitzer ein Fotograf, der die Lampe mit Schwingarm dazu nutzt, den Arbeitsbereich auszuleuchten.

Achtet außerdem auf die hohen, kleinen Fenster. Diesen Stil findet man oft in alten Kellern.
Dies sind nur einige Optionen zur Gestaltung eines kleinen Büros. Welche Art Tisch würdet ihr bauen? Kommt vielleicht darauf an, welcher Arbeit der Bewohner nachgeht?

Modernes Haus

DAS LETZTE HAUS UNSERER TOUR IST IN EINEM MODERNEN STIL GEBAUT.

ES NUTZT VERSCHIEDENE BAUMATERIALIEN. MAN KANN VON DER EINEN ZUR ANDEREN ETAGE SEHEN, WIE SIE GENUTZT WURDEN, UM DAS GANZE GEBÄUDE ZUSAMMENZUFÜGEN.

Achtet auf die zahlreichen freischwingenden Elemente dieses Gebäudes. Wir haben erst neulich Frank Lloyd Wrights Gebäude *Fallingwater* besichtigt, in dem er sehr viele freitragende Elemente eingesetzt hat. Freischwinger sind Teile eines Gebäudes, die aus der eigentlichen Struktur hinausstehen und nur an einem Ende oder in der Mitte befestigt sind. Denkt euch z.B. eine Brücke aus mit nur einem Stützpfeiler in der Mitte. Die Fläche auf beiden Seiten der Säule balanciert das Gewicht aus.

Moderne Architektur zeigt häufig gerade Linien. Bei diesem Gebäude beginnt die Linienführung – horizontal und vertikal – in der Tiefgarage.

Dieser vielfarbige Steinkamin bricht als Akzent die weißen Wände. Er ist gleichzeitig dekorativ und funktional.

Diese Betonwand wird durch Metallstangen durchbrochen

Die verschiedenen Ebenen dieses Hauses werden durch Außenwege verbunden. Die roten Backsteinsäulen tragen das Gewicht der Gänge und bilden durch den starken Kontrast gleichzeitig einen schönen Farbakzent. Sie beginnen im Erdgeschoss und ziehen sich in die erste Etage und verbinden diese beiden Ebenen optisch.

Diese Metallgeländer geben dem Gebäude im Obergeschoss einen fast industriellen Look. Diese Elemente finden sich auch im Erdgeschoss und auf der Dachebene. Der wiederholte Einsatz dieses Materials schafft eine visuelle Verbindung der einzelnen Etagen.

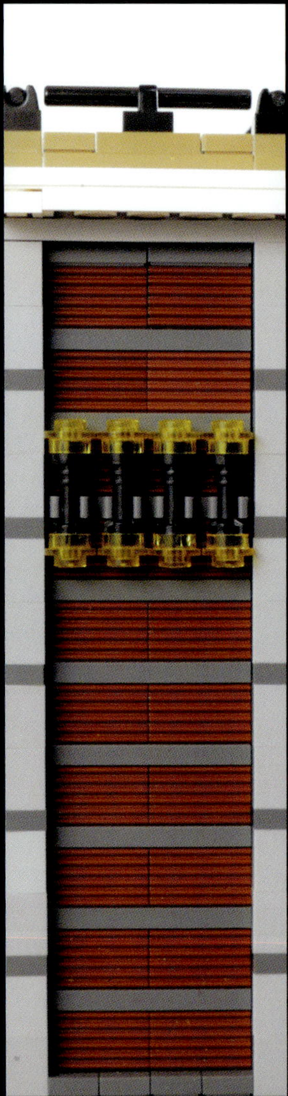

Dieses hohe, vertikale Element nutzt eine andere Farbe und Lampen, um den Blick des Betrachters zu führen.

Details auf dem Bürgersteig, wie Pflanzen oder Mülleimer, schaffen einen realistischen, bewohnten Look.

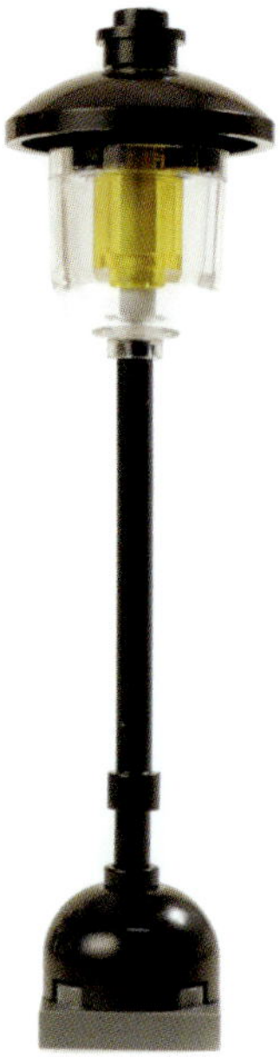

APROPOS LAMPEN: DIESE LATERNE IST EINE WEITERE MÖGLICHKEIT, DAS HAUS UND DIE STADT EINZIGARTIG ZU GESTALTEN.

DAS ÄUßERE SIEHT TOLL AUS, ABER ICH BIN GESPANNT AUF DIE MÖBEL, DIE IN SOLCH EIN HAUS PASSEN.

Moderne Inneneinrichtung

Das Innere des Modernen Hauses zeigt zwei Farben an den Wänden. Beide neutral, was typisch ist für diesen Stil. Und ein klarer Cut zeigt, wo ein Raum endet und der andere beginnt. Die schwebenden Regale über dem Kamin und die offenen Regale zeigen dekorative Objekte, die den Look vervollständigen. Das Sofa, die Lampe und der Tisch folgen einem ähnlichen, geradlinigen Look und Farbschema. Der Tisch spiegelt die verschiedenen Ebenen und Farben des Hauses wider.

Lasst uns sehen, wie man diese schicke Couch baut.

Modernes Sofa

1

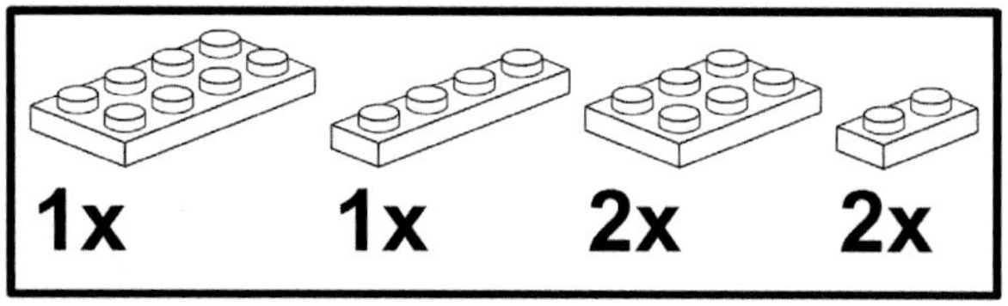

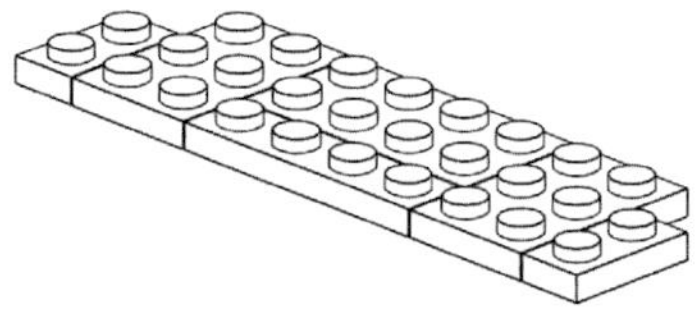

2

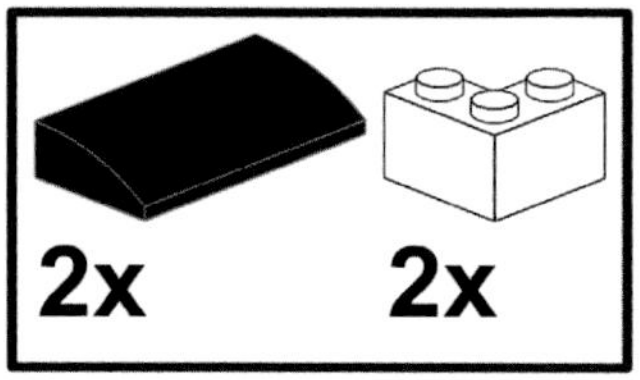

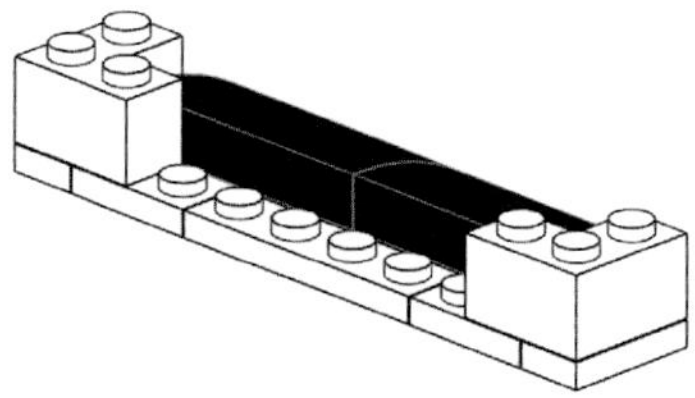

3

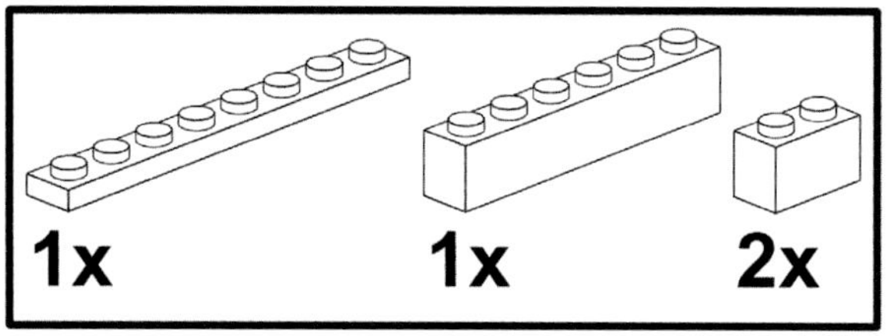

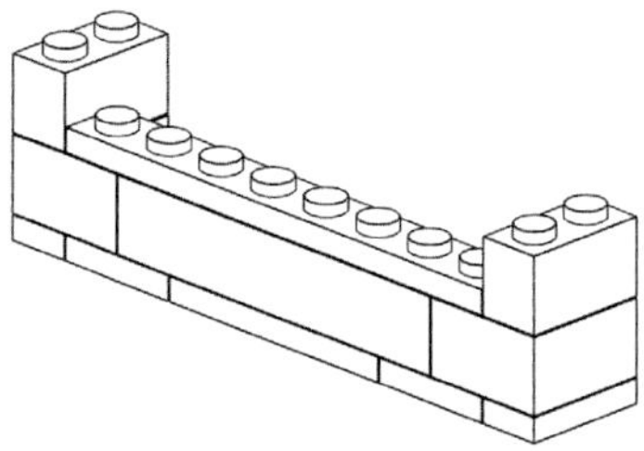

4

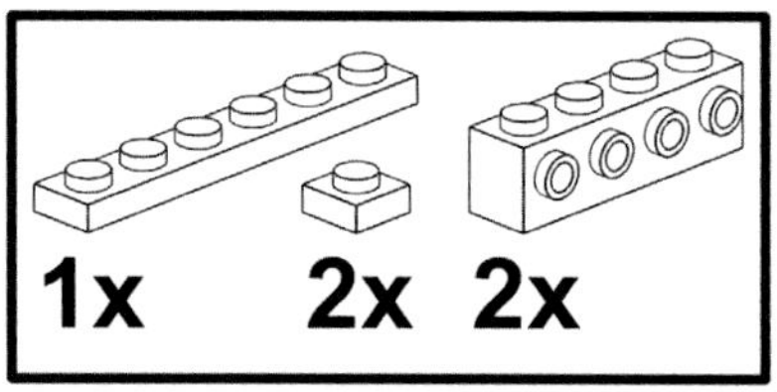

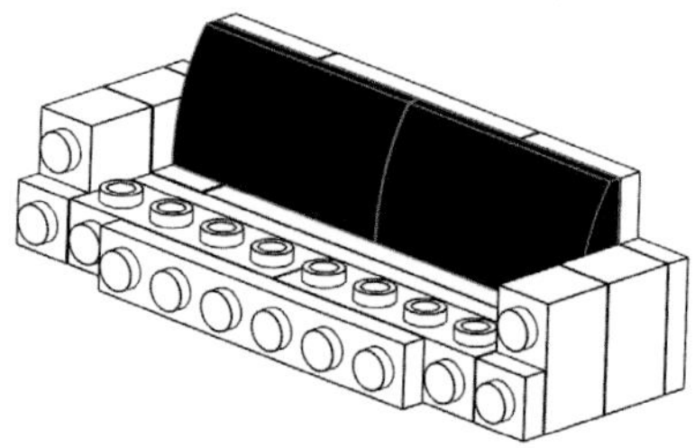

5

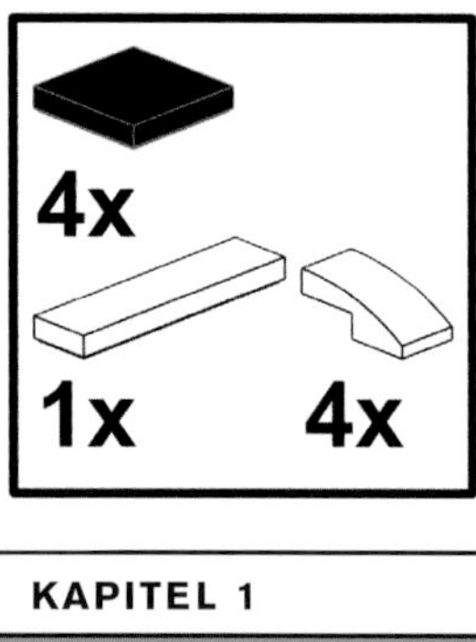

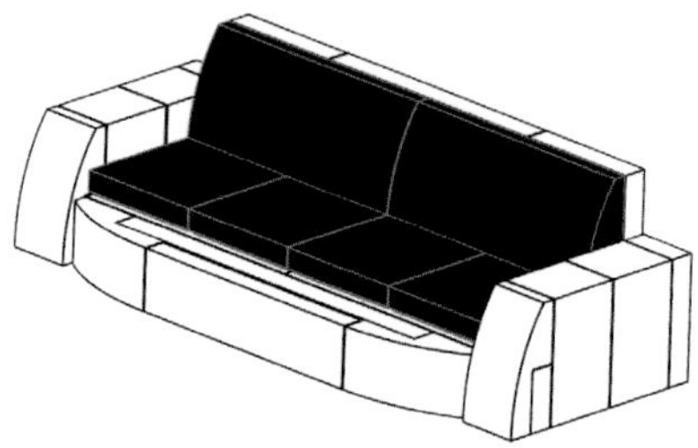

Treppen-aufgang

JETZT HABEN WIR DIE WOHNHÄUSER GESEHEN, ABER WO ARBEITEN DIE LEUTE?
LASST UNS INS GESCHÄFTSVIERTEL DER STADT HINÜBERGEHEN UND EINIGE COOLE GEBÄUDE UNTERSUCHEN.

2 Geschäfts-viertel

Eckladen

Die ersten beiden Gebäude unseres Geschäftsviertels teilen sich eine Basisplatte an der Ecke des Straßenblocks. Über dem Eckladen liegt ein Apartment und das schmale Gebäude nebenan kann als Wohn- oder Bürogebäude genutzt werden.

Der Eckladen hat eine Werbetafel mit einem bekannten Schriftzug an der Seite.

EINE WERBEFLÄCHE AN DER SEITE EURES GEBÄUDES KANN HELFEN, ES IN EINE BESTIMMTE ZEIT ZU VERORTEN.

EINE BUNTE WERBUNG ODER EIN GRAFFITI KANN EINE LANGWEILIGE WAND WIRKLICH AUFPEPPEN.

Wir haben der Front des Ladens eine verzierte Fassade und eine gestreifte Markise gegeben.

Von unten sieht es so aus, als würde der Eckstein der Dachleiste schweben. Aber schaut mal, wie er befestigt ist.

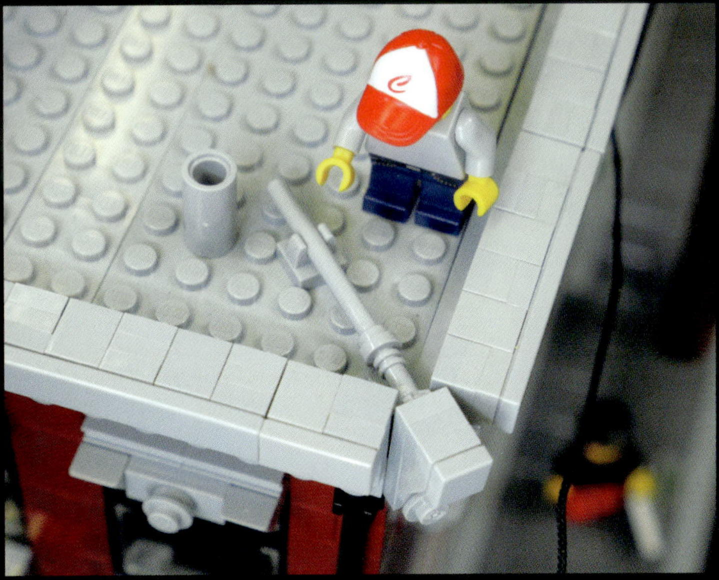

Auf dem Bürgersteig können eine Bank und ein Mülleimer helfen, die Straße mit Leben zu füllen.

DIESES REGENROHR VOM DACH BIS ZUM BODEN GIBT DER FASSADE ETWAS REALISTISCHES.

ES IST AUS MEHREREN KÜRZEREN ELEMENTEN ZUSAMMENGESETZT, SODASS DIE EINZELNEN ETAGEN WEITERHIN AUSEINANDERGENOMMEN WERDEN KÖNNEN.

Ihr könnt auf den Bürgersteigen Strommasten verlaufen lassen – und vergesst nicht die Lampen und Schilder, die daran oft befestigt sind.
In vielen Fenstern finden sich auch Klimaanlagen. Entscheidet über die zeitliche Periode eurer Stadt, um festzulegen, was passen könnte.

Als nettes Detail haben wir unseren Strommasten Isolationskörper aus Glas gegeben.

Klimaanlagen geben Gebäuden etwas Realistisches.

Dieser Mast trägt auch eine Laterne und ein Straßenschild.

Dieser Dachgarten gibt dem Gebäude Flair und Charakter. Er belebt das Dach und schafft Raum für einen „Garten“ für Stadtbewohner.

Manchmal fehlt ein Fenster in der richtigen Farbe und zwingt euch so, selbst kreativ zu werden. Schaut euch diese Fenster aus Steinen in klar transparent mal genauer an, sie sind fast vollständig seitlich gebaut.

Eckladen-Einrichtung

Dieser Laden hat eine Sodamaschine, ein Zeitungsregal, eine Eistruhe und ein drehbares Flaschenregal für Motoröl. Die Sodamaschine im Vintage Style sieht toll aus, wenn ihr eure Stadt in den 1930er- oder 1940er-Jahren ansiedelt.

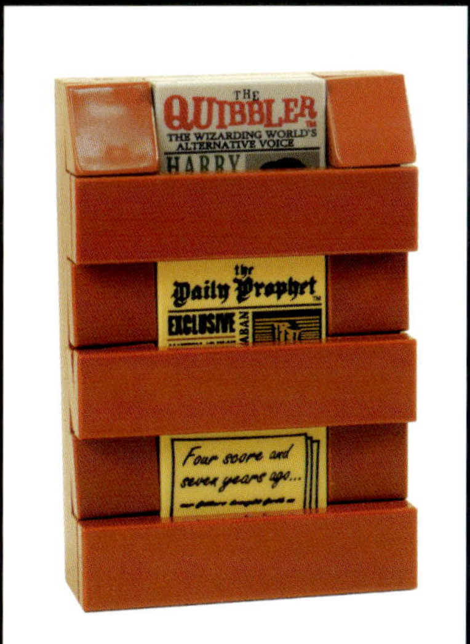

Ein Zeitungsregal ist eine tolle Möglichkeit, eure bedruckten Fliesen zu präsentieren.

Sodamaschine

1
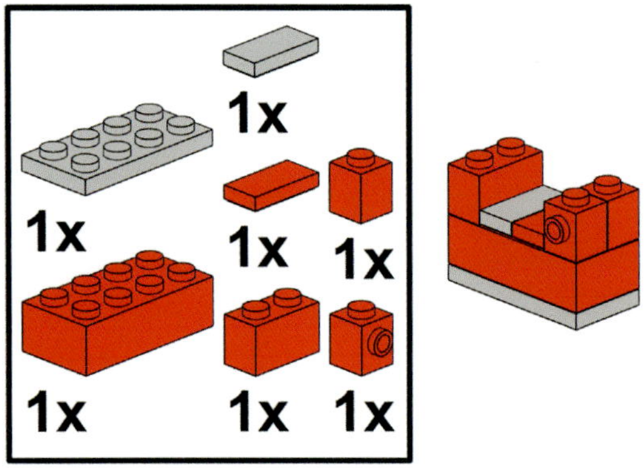

2
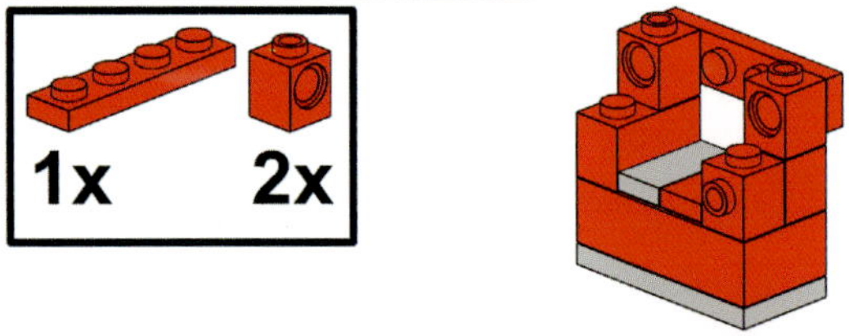

3
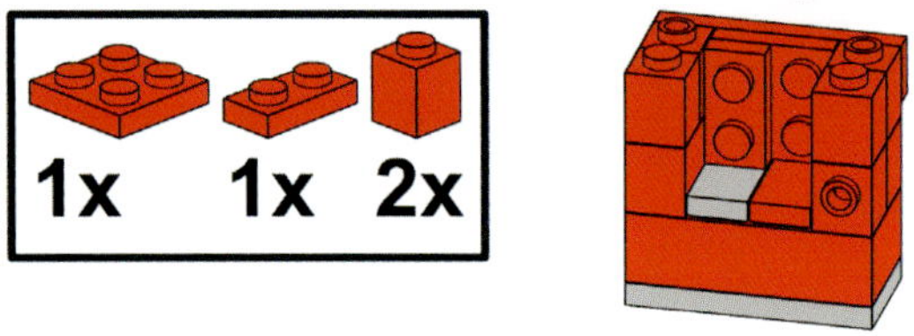

4
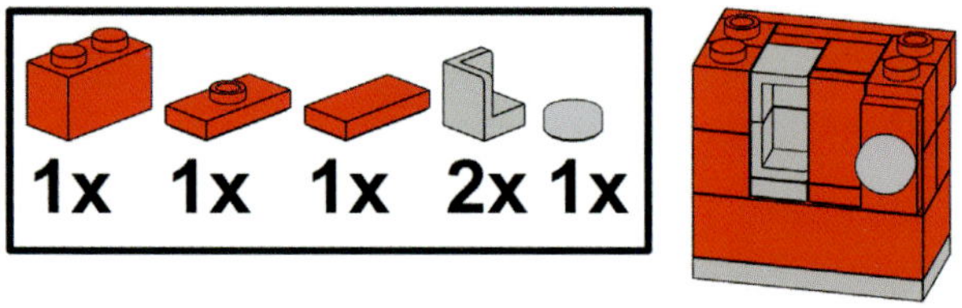

5
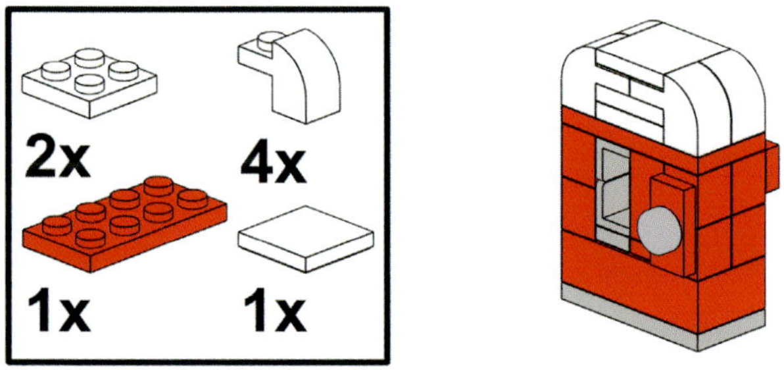

Schmale Geschäfte mit Durchgang

DIESE BEIDEN GESCHÄFTE, DIE VIELE HÜBSCHE DETAILS ZEIGEN, WERDEN DURCH EINE GASSE GETRENNT.

Diese weißen Fenster wurden von oben nach unten gebaut, die schwarzen sind seitlich montiert.

Die Laterne auf dem Bürgersteig ist aus Schmiedeeisen.

Die Fenster, die die Tür einfassen, sind seitlich eingebaut. Sie helfen, einen neuen Look zu schaffen.

In der Gasse zwischen den Häusern befindet sich ein Schuhputzer. Das alte Kopfsteinpflaster wurde nicht mit dem neuen Bürgersteig zusammen erneuert.

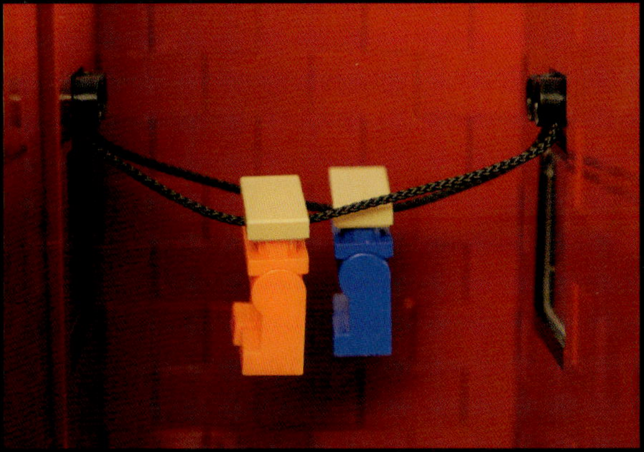

Auf einer zwischen den Fenstern der Gasse gespannten Wäscheleine hängen Hosen zum Trocknen.

In der Gasse hängen Lampen verschiedenster Art.

Dieses Eisschild zeigt eine Art, Buchstaben zu bauen. Die Unterseiten der Platten bilden eine gemeißelte Steinverzierung.

Shop-Einrichtung

Checkt mal die Einrichtung unseres Eckladens.

Eine dekorative Pflanze, ein Geldautomat, eine Kasse – vollständig mit Süßigkeitenregal – runden das Interior ab.

DVD-Leihautomat und Schild

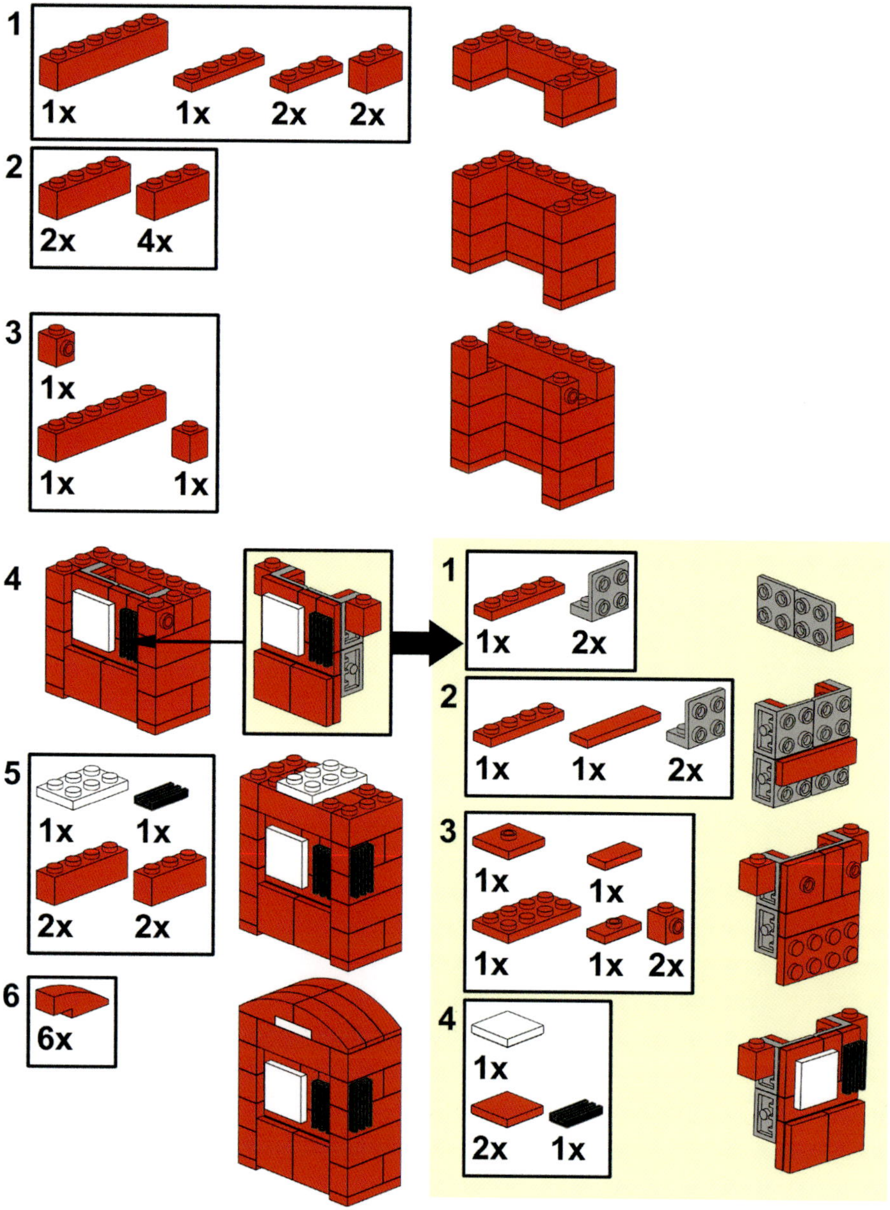

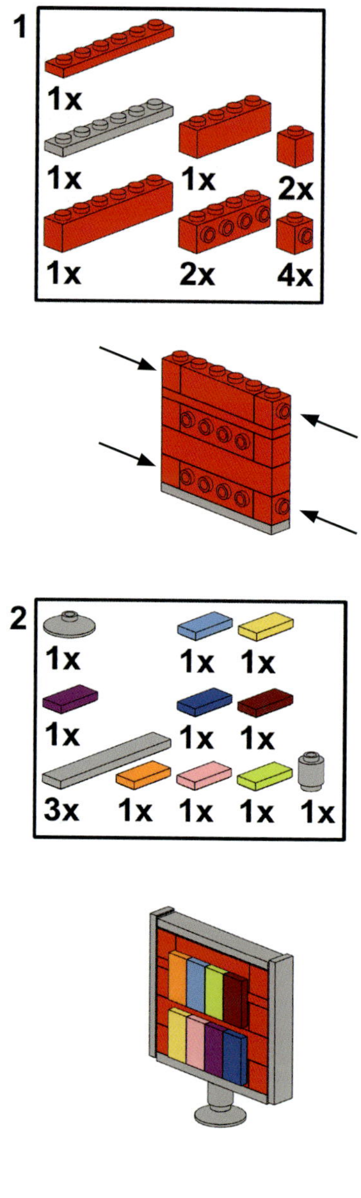

Spielzeugladen und Fotogeschäft

Der nächste Stopp auf unserer Tour bildet ein Spielzeugladen, der sich eine Baseplate mit einem Fotogeschäft teilt. In beiden Läden wurden einige interessante Techniken verwendet, also passt gut auf.

Diese kleinen Blumentöpfe schmücken das Fenster in der oberen Etage des Spielzeugladens. Sie bilden einen schönen Farbklecks im Kontrast zu den schwarzen Fenstern.

Das Schaufenster des Spielzeugladens zeigt einen „Slinky Dog“, einige Autos und ein Feuerwehrauto. Kinder werden einfach reingehen *müssen,* wenn sie das von der Straße aus sehen.

Sobald die Sonne untergeht, hilft dieses Pfeilschild mit gelbem Blinklicht, die Kunden in den Laden des Fotogeschäfts zu leiten.

Dieses Haus wurde mit SNOT-Techniken gebaut. Das Erdgeschoss ist auf dem Kopf gebaut, inklusive der Treppe und der Blumentöpfe vor dem Eingang. Die Fenster wurden seitlich eingebaut.

Dieser Balkon ragt aus der Fassade heraus. Die Tür spart Platz, indem sie nach innen aufschwingt.

Chinesisches Restaurant und Skateboard-Shop

Das nächste Gebäudeset bilden ein chinesisches Restaurant und ein Skateboard-Shop.

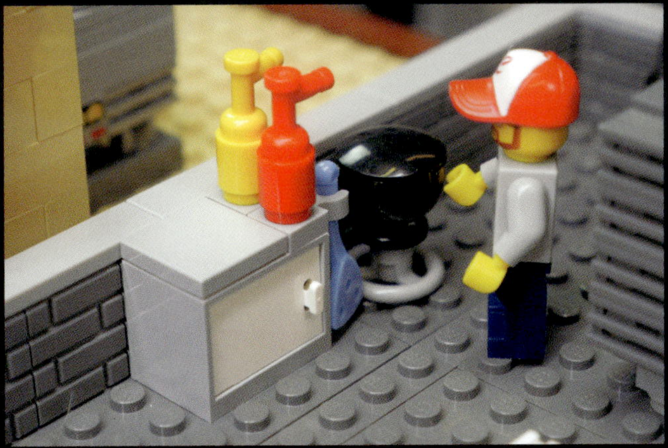

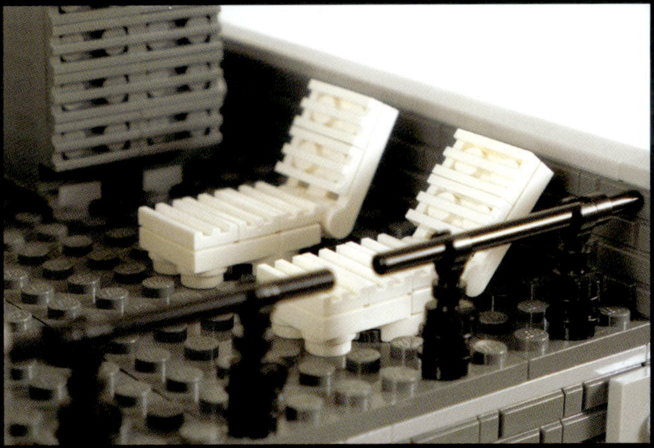

Dieser Grillplatz auf dem Dach ist für die Angestellten des Skateboard-Shops der perfekte Ort zu chillen.

Das Dach des Restaurants zeigt einige charakteristische, traditionelle Elemente, die es schon zu identifizieren helfen, bevor man einen Fuß hineingesetzt hat.

Dieses Restaurant nutzt einige einzigartige architektonische Elemente, besonders auf dem Dach, wo runde Steine als Dachziegel verwendet werden.

Ein Stromzähler und eine Klimaanlage auf dem Dach geben dem Gebäude etwas Realistisches.

Alles in diesem Stadtviertel wurde erneuert, auch diese Laterne mit Blumenkorb.

Innenausstattung des Skateboard-Shops

Verschiedene Einbauten geben dem Skateboard-Shop einen realistischen Touch.

Diese Lampen haben sogar Kabel.

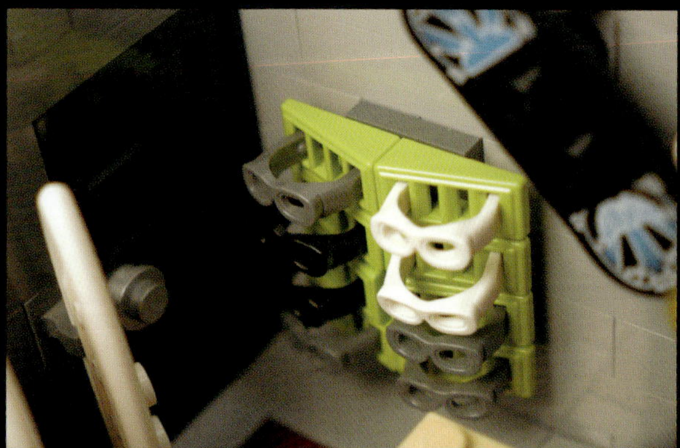

Erfindet kreative Wege, die Waren des Ladens zu präsentieren – wie dieses Brillenregal für Skibrillen. Welche anderen Accessoires könnten in diese „Käsereiben“ passen?

Innenausstattung des Chinesischen Restaurants

Schon beim ersten Schritt in das Chinesische Restaurant stellen wir fest, dass die Inneneinrichtung dem Thema entspricht.

Das Restaurant hat ein Aquarium und Fliesen mit einigen chinesischen Schriftzeichen an den Wänden. Und die Stühle mit den roten Seiden-Hussen sind auch sehr hübsch.

Eisdiele

DIESES GEBÄUDE IST SCHON ÄLTER. ES HAT IM LAUFE DER ZEIT ETLICHE VERSCHIEDENE GESCHÄFTE BEHERBERGT – HEUTE IST ES EINE EISDIELE.

DIE LEUCHTENDEN FARBAKZENTE LASSEN ES FRÖHLICH UND EINLADEND WIRKEN. WIE EINEN ORT, AN DEM MAN GERNE MIT FREUNDEN ODER DER FAMILIE EIN EIS SCHLECKT.

Es gibt vor dem Laden einige Tische für warme Tage.

Diese weißen Teile sind eine hübsche Fensterverzierung.

Diese Bögen und Zäune bilden an der Fassade einen hübschen Abschluss zum Dach.

Wir haben der Markise eine grün-weiß-gestreifte Optik gegeben. Um diesen Effekt zu erziehen und die Markise mittig über dem Fenster zu platzieren, wurde um eine halbe Noppe verschoben gebaut.

Diese riesige Klimaanlage bedeutet Arbeit … Aber sie hält die Eisdiele angenehm kühl. Um das Aussehen und die verschiedenen Arten und Größen von Klimaanlagen zu recherchieren, schaut ihr am besten bei Google Maps.

Dieses gigantische Eis zieht Kunden in den Laden und lässt keinen Zweifel daran, um welche Art Geschäft es sich handelt.

Diese Maschine bietet Softeis in drei verschiedenen Geschmacksrichtungen.

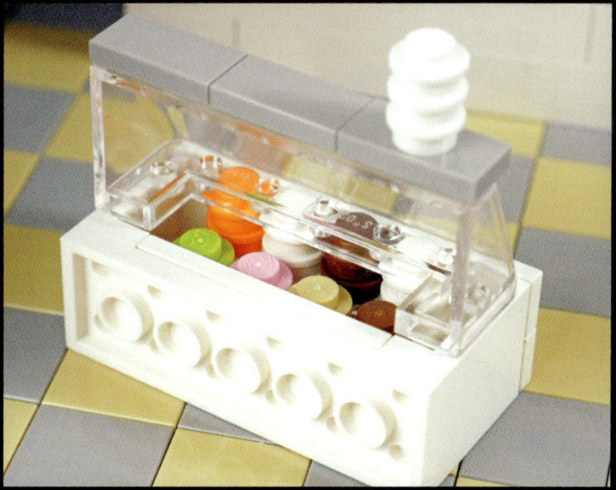

Für all die Eiscreme könntet ihr auch ein Büffet mit verschiedensten Toppings bauen.

Toppings-Büffet

1

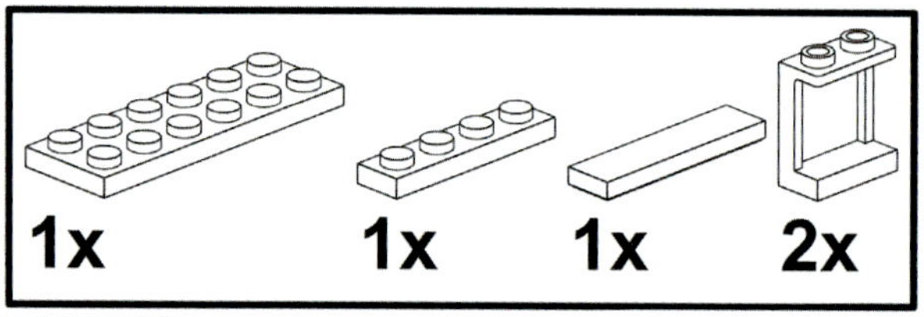

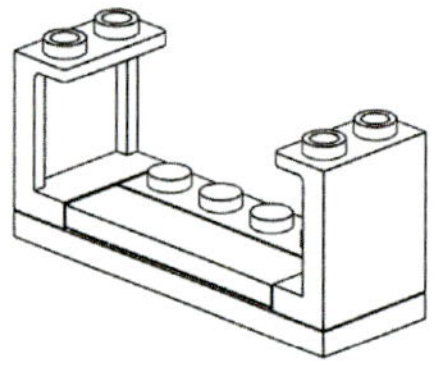

2

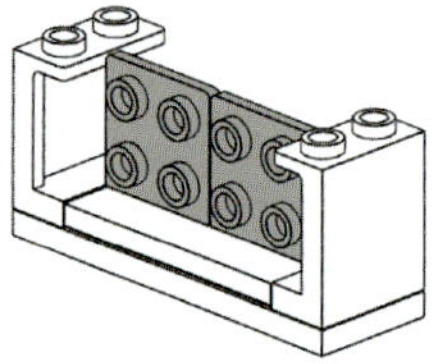

3

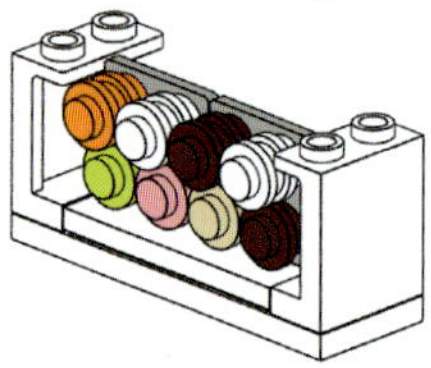

4

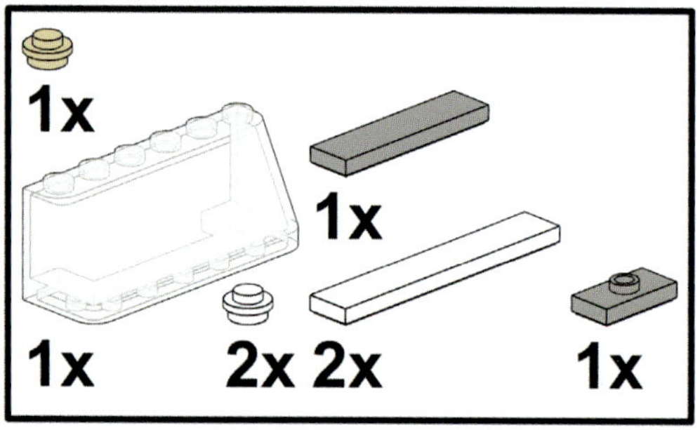

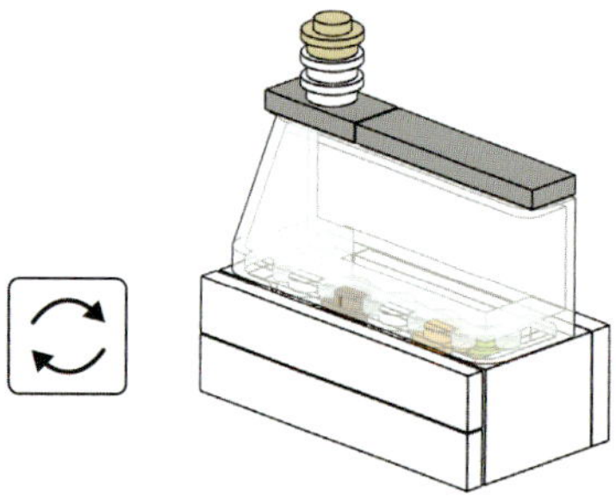

Kleine Verkaufsbuden

DAS LETZTE GEBÄUDE DIESES BLOCKS HAT IM ERDGESCHOSS MEHRERE KLEINE SHOPS. DIE DREI KLEINEN VERKAUFSBUDEN HABEN IN EINEM WARENHAUS ERÖFFNET, DAS FRÜHER DER LYLES CO. GEHÖRTE.

In diesen Mini-Shops könnte es so ziemlich alles geben. Dieser hier ist ein Zeitungsstand.

Das Tor lässt sich herunterfahren, um den Shop zu schließen.

Die seitlich eingebauten Fenster sind leicht zurückgesetzt, um den Kanten einen markanten Look zu geben.

Fenster

Setzt das Fenster in den Rahmen und drückt, bis es bündig mit der Front des Gebäudes sitzt. Auf der Rückseite steht es leicht heraus, wie ihr auf dem dritten Bild seht.

1

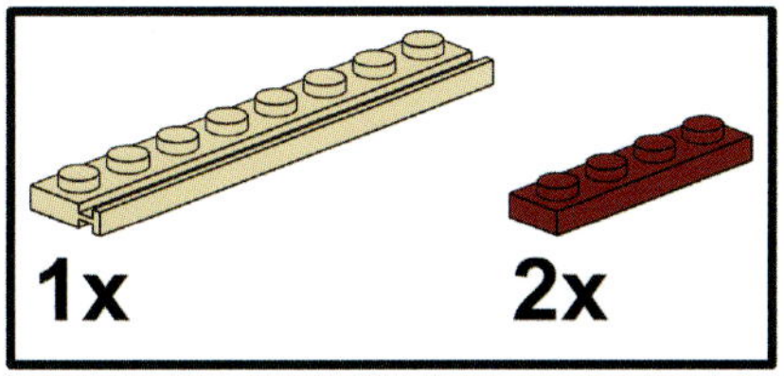

2

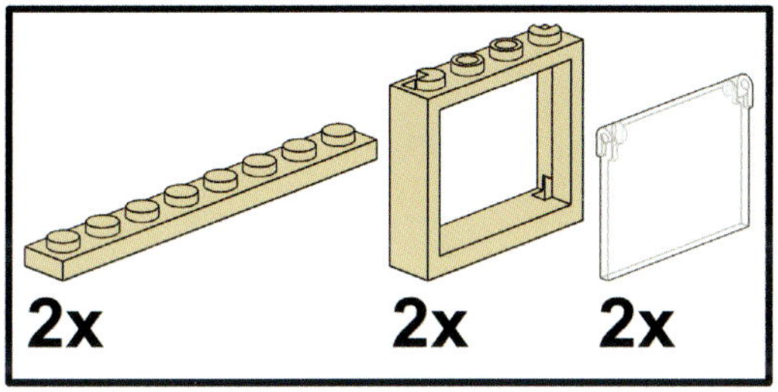

3

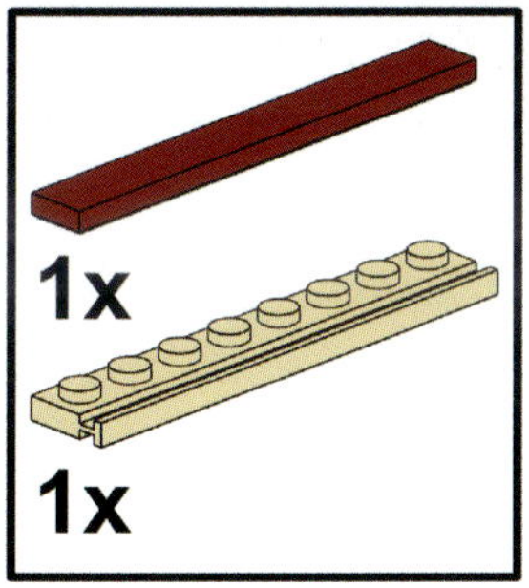

Dieses Weiß-auf-schwarz-Design ist eine schöne Idee für Schriftzüge auf eurem Gebäude – hier im Vintage-Look.

Diese seitlich eingebaute Fenster-Klimaanlange ist groß genug, das ganze obere Geschoss dieses Gebäudes zu kühlen.

Karibisches Restaurant

Der nächste Halt auf unserer Tour ist dieses farbenfrohe Karibische Restaurant. Die Palmen drum herum geben ihm die richtige Atmosphäre.

Diese Lichterkette sieht nachts toll aus und verleiht der Terrasse ein schönes Ambiente.

An der Seite wachsen etwas Efeu und Blüten die Wand hinauf. Es ist einfacher, einige Steine mit seitlicher Noppe schon beim Bauen der Wand einzubauen. Etwas Planung ist also hilfreich, wenn ihr Elemente wie dieses an eurer Wand befestigen möchtet.

Der Balkon in der zweiten Etage besitzt zwei nach innen schwingende Türen, um ihm mehr Platz zu geben. Gelenke machen's möglich.

All diese 1x1-Rundsteine in dark orange lassen das Ziegeldach einfach fantastisch aussehen.

Diese Palme ahmt mit ihren Blättern in unterschiedlichen Farben echte Palmen nach. Um dem Stamm Stabilität zu geben, verläuft im Inneren all dieser 1x1-Rundsteine ein schwarzer Flexo-Schlauch.

Vergesst nicht, den Bürgersteigen etwas Farbe und Vegetation zu geben.

Pariser Eck-Café

Dieses wunderschöne Pariser Gebäude strotzt geradezu vor architektonischer Details vergangener Zeiten. Im Erdgeschoss befinden sich ein Restaurant und ein Geschäft.

Diese Geländer sind aus schwarzen Laserschwertklingen und Droidenarmen zusammengesetzt.

Das große Schaufenster im Erdgeschoss gewährt einen schönen Blick auf die Kleider im Laden.

Ampel

1

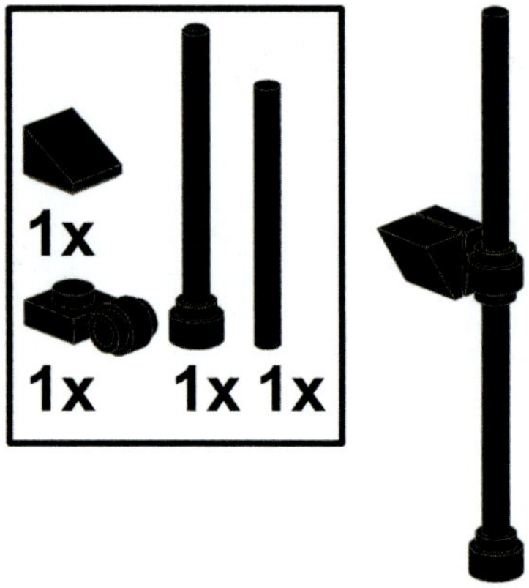

2

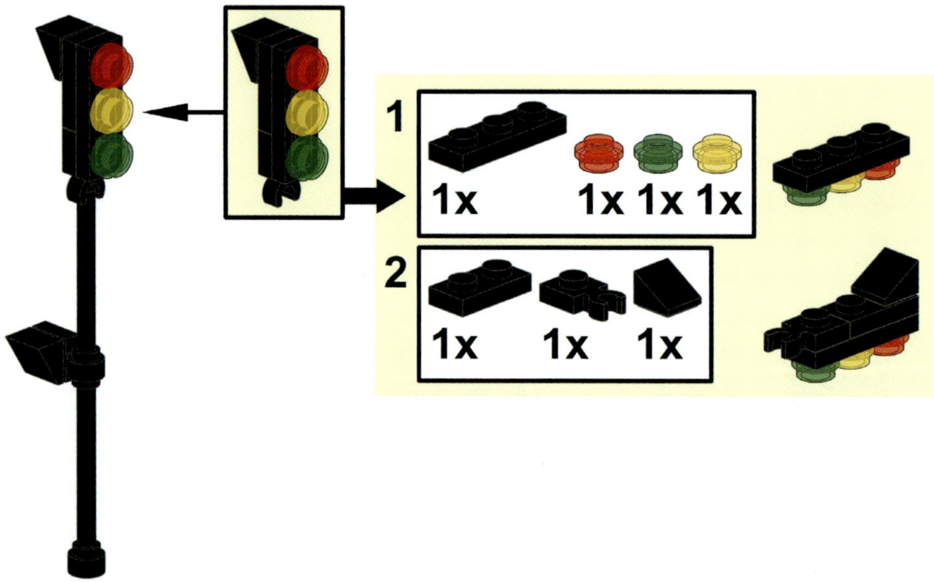

Werfen wir einen genaueren Blick auf die Eck-Markise. Sie schmiegt sich mithilfe der Flügelplatten um die Ecken herum.

Das Dach ist leicht gewölbt, wie man es an vielen Gebäuden in Paris findet. Schaut euch die Details oberhalb der Fenster an – und das Geländer, das der gesamten Dachlinie folgt.

Könnt ihr diese hübsche Lampe bauen, die an der Seite des Gebäudes hängt? Es sind Fensterscheiben von 1x2x2-Fenstern.

Was wäre ein Restaurant ohne Tische? Dieses hier hat auch einen Außenbereich, damit die Kunden das schöne Wetter genießen können.

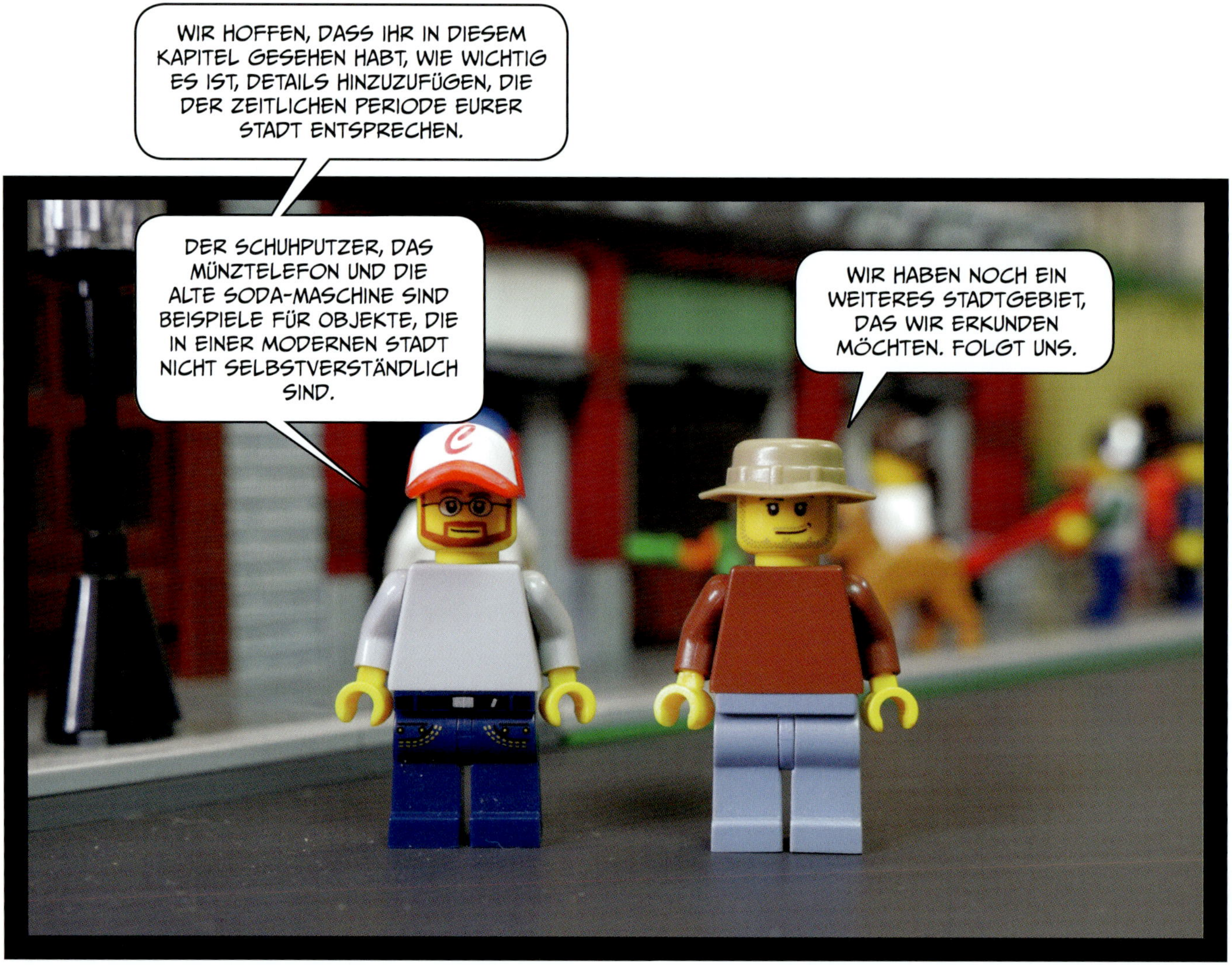
WIR HOFFEN, DASS IHR IN DIESEM KAPITEL GESEHEN HABT, WIE WICHTIG ES IST, DETAILS HINZUZUFÜGEN, DIE DER ZEITLICHEN PERIODE EURER STADT ENTSPRECHEN.
DER SCHUHPUTZER, DAS MÜNZTELEFON UND DIE ALTE SODA-MASCHINE SIND BEISPIELE FÜR OBJEKTE, DIE IN EINER MODERNEN STADT NICHT SELBSTVERSTÄNDLICH SIND.
WIR HABEN NOCH EIN WEITERES STADTGEBIET, DAS WIR ERKUNDEN MÖCHTEN. FOLGT UNS.

3 Öffentliche Plätze

Botschaft

Lass uns die öffentlichen Plätze erkunden, die eine Stadt ausmachen. Regierungsgebäude, Parks, Denkmäler und Museen können eurer Stadt den Feinschliff geben.

UNSER ERSTER STOPP IST DIESE BOTSCHAFT. DAS GEBÄUDE IST MASSIV MIT EINEM HERRSCHAFTLICHEN GARTEN, DER SEINE ELEGANTE ERSCHEINUNG WIDERSPIEGELT.

LASST UNS DIE DETAILS ERKUNDEN, DIE DIESES GEBÄUDE SO GRANDIOS AUSSEHEN LASSEN.

Eine Luftaufnahme der Botschaft und ihres Gartens.

Ein Baumpaar balanciert den Garten symmetrisch aus. Das Laub wird aus einem Stapel Blatt-Elemente um einen Flexo-Schlauch gebildet, der im Inneren des Stamms verläuft.

Dieser schmiedeeiserne Zaun hält unerwünschte Gäste fern. Er besteht aus Speeren und Technic liftarms.

Hier seht ihr zwei Möglichkeiten, bogenförmige Fenster zu bauen.

In der Mitte des Hofes steht ein eleganter, mit goldenen Statuen verzierter Brunnen. Er bildet ein schönes Kernstück des Gartens.

Diese Blumen verleihen dem neutral gefärbten Gebäude etwas Farbe.

Botschafts-Details

Der Wasserspeier ist ein hübsches Detail an der Fassade.

Sicherheitskameras beobachten den Eingang.

Auf allen vier Seiten zeigt die Botschaft einen Mix aus grauen Steinen und Backsteinen in dark orange. Die Symmetrie trägt zur Eleganz des Gebäudes bei.

Die Ecken sind in jeder Etage unterschiedlich und es lohnt sich wirklich, einen genaueren Blick darauf zu werfen.

Der Stadtpark von Brick City

Dieser Park besitzt einige Skulpturen, einen kleinen Ententeich und eine große Picknickwiese. Die Parkgrenze wird durch einige Bäume markiert.

LASST UNS DEN PARK ERKUNDEN. DIE STADTBEWOHNER KÖNNEN DORT, INMITTEN DER STADT, IHRE FREIZEIT UND DIE NATUR GENIEßEN.

Die Skulpturen, aufgestellt vom lokalen Kunstmuseum, schmücken die Stadt und werben gleichzeitig für das Museum.

Park-Details

Zur Gestaltung der Details in eurem eigenen Park stehen euch schier unendliche Möglichkeiten offen. Sportfelder, Picknicktische, Pavillons, Teiche, Brücken, Pfade, Spielplätze helfen, einen realistischen und schönen öffentlichen Park zu gestalten. In diesem Park bieten ein kleiner Ententeich und ältere Bäume den Einwohnern ein Stück Natur.

Bäume mit ausladender Krone bieten Schatten.

Diese Enten bestehen jeweils aus nur vier Elementen.

Hier seht ihr den Park aus der Vogelperspektive. Er ist umgeben von den geschäftigen Straßen der Stadt.

Kriegs-mahnmal

SO, WIR HABEN ES DURCH DEN PARK GESCHAFFT UND DIE HÖCHSTE KONSTRUKTION UNSERER STADT ERREICHT.

DIESES MAHNMAL IST EIN ANDENKEN AN DIE SOLDATEN, DIE IM ERSTEN WELTKRIEG GEKÄMPFT HABEN. INSPIRIERT WURDE ER VOM CARILLON TOWER IN RICHMOND, VIRGINIA, USA.

Das Erdgeschoss gibt dem Turm ein gutes Fundament und bietet den Besuchern viel Platz zum Herumlaufen und Genießen des Parks aus verschiedenen Blickwinkeln.

GESCHWUNGENE TREPPEN SCHMIEGEN SICH AUF BEIDEN SEITEN UM DIE FRONT DES MONUMENTS UND GEBEN DER BASIS EINE SCHÖNE SYMMETRIE.

Details

Hübsche Laternen und die Technic Zahnräder über dem Tor ergänzen den aufwendig detaillierten Look.

Diese gitterartigen Fenster wurden mit Zaunelementen in SNOT-Technik gebaut.

Turmspitze

An der Spitze des Turms sind die architektonischen Details sehr kompakt. Achtet auf das Geländer und die Säulen auf beiden Seiten des Fensters.

Steine mit Struktur, spezielle Platten und andere dekorative Elemente ergänzen sich zu kunstvollen Details.

Nehmt euch eine Minute, einen Blick auf all die Details an der Turmspitze dieses Monuments zu werfen, besonders auf die aus Steinen gebaute Kuppel.

Kunstmuseum

Die Treppe ins Museum wird von Glaswänden geschützt. Sie sehen sehr modern aus, wie der Rest des Gebäudes auch.

Diese Skulptur vor dem Eingang des Museums weckt die Neugier der Besucher.

Details des Museums

Der geschwungene Gang auf der Terrasse des Museums im Obergeschoss besitzt einen gefliesten Boden.

Die größte am Museum ausgestellte Skulptur ist Teil des Gebäudes. Die beiden roten Arme erstrecken sich vom Boden bis auf das runde Dach.

JETZT HABT IHR ALLES IN UNSERER STADT GESEHEN. IM NÄCHSTEN KAPITEL WERDEN WIR NOCH EINIGE GEBÄUDE ERKUNDEN, DIE IHR AUF UNSERER TOUR NOCH NICHT GESEHEN HABT.

4 Galerie

Shops und Cafés

LASST UNS NOCH EINIGE WEITERE GEBÄUDE ANSCHAUEN.

WENN IHR NOCH NIE EIN ORIGINAL LEGO® GEBÄUDE ZUSAMMENGEBAUT HABT, MÖCHTEN WIR EUCH DAZU ERMUTIGEN, ES EINMAL ZU VERSUCHEN.

LASST EUCH VON DEN MODELLEN DIESES KAPITELS INSPIRIEREN.

Gut für Bob! Nach seinem Food Truck betreibt er nun sein eigenes Restaurant: Bob's Kabobs.

DIESES MODELL IST EIN NACHBAU UNSERES FOUNTAIN BOOKSTORES, DEN WIR FÜR DIE SIGNIERSTUNDE UNSERES ERSTEN BUCHES ENTWORFEN HATTEN.

Dieser 9-Noppen-breite Diner hat eine lange Theke, die große Fensterfront lässt viel natürliches Licht herein.

Stadthäuser

Dieses Haus im San-Fancisco-Stil hat große Fenstererker, einen Treppenaufgang und ein Garagentor.

Dieses Haus ist eine Variante unseres Haus-Modells aus unserem ersten Buch *Häuser aus LEGO® Steinen.*

Skurrile Gebäude

Ihr denkt, das könnt ihr nicht machen? Ihr könnt! Diese Modularen Häuser wurden von Jasons Kindern entworfen.

Der Wilde Westen

Welche anderen Städte könntet ihr mit den eben gelernten Techniken bauen? Schaut euch diese Beispiele aus den unterschiedlichsten Zeiten und Orten an. Als erste eine kleine Stadt aus dem Wilden Westen.

1001 Nacht

Dieses Modell einer Stadt aus 1001 Nacht wimmelt von Minaretten und Märkten.

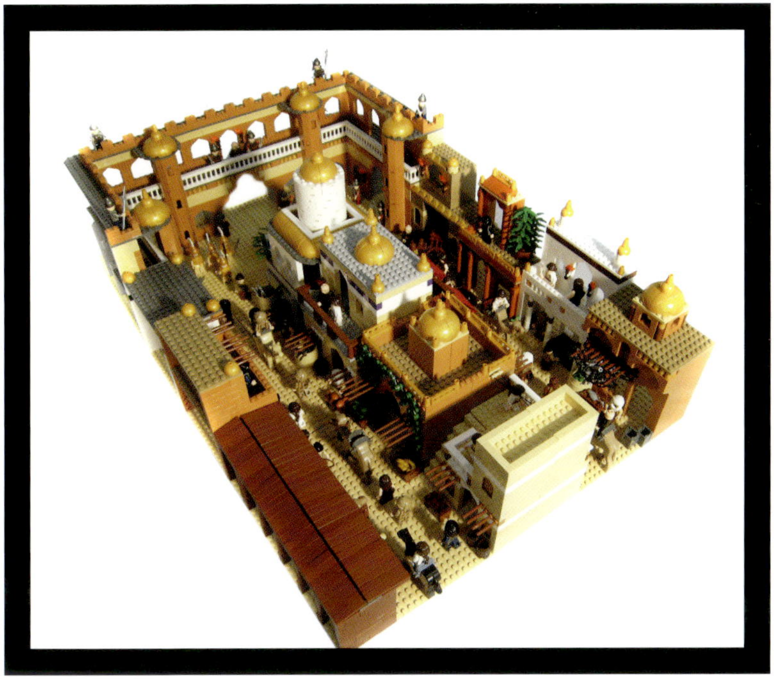

Piratenstadt

In dieser karibischen Hafenstadt drängen sich Details aus dem „Goldenen Zeitalter der Piraten".

5 Eine Micro-City

Bauen im Micro-Maßstab

Bisher haben wir euch Modelle im Minifiguren-Maßstab gezeigt, die üblicherweise tausende von Steinen benötigen. Aber dieses Micro-Modell braucht viel weniger, um eine ganze Uferpromenade zu erschaffen. Im Micro-Maßstab zu bauen ist eine gute Option, wenn ihr eingeschränkten Platz oder Steine zur Verfügung habt.

EINE STADT BAUEN, ABER EINFACH NICHT GENUG STEINE?

VERSUCHT, IN EINEM KLEINEREN MAßSTAB ZU BAUEN.

Wäre dieses Modell im Minifiguren-Maßstab, würde es einen ganzen Raum einnehmen. So passt es auf einen Tisch.

Diese Hafenszene besteht aus Basis-Steinen, -Fliesen und Dachsteinen.

Auch Wolkenkratzer lassen sich in diesem Maßstab mit Leichtigkeit bauen.

In kleinerem Maßstab zu bauen zwingt euch, anders über Elemente zu denken. Überlegt euch, wie ihr das gewünschte Ergebnis auch mit ganz wenigen Teilen erzielen könnt.

Ein auf die Seite gelegter Lampenstein mit dem Boden nach außen wird zum Fenster.

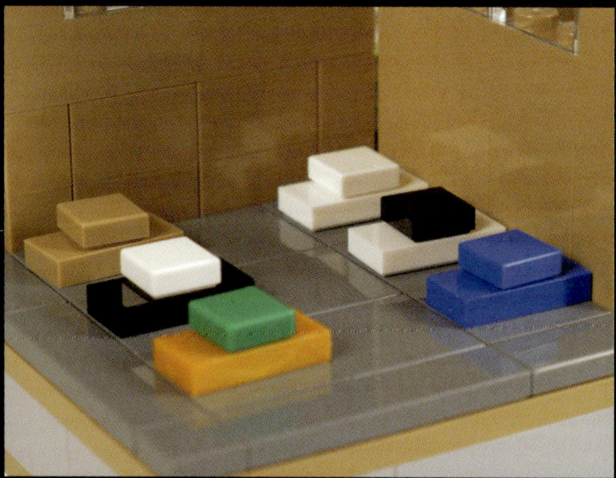

Ein Jumper wird zusammen mit einer 1x1-Fliese zum Auto.

Ein kleines Fass wird zu einem Wassertank auf dem Dach.

Ein kleinerer Standard

Genau wie Modulare LEGO® Häuser ein Standardmaß von 32x32 Noppen haben, so haben Gebäude im Micro-Maßstab sozusagen einen inoffiziellen Standard. Micro ist ein Viertel dieses Maßstabs: 16x16. In einem einheitlichen Maßstab zu bauen, macht es auch Gruppen einfacher, ihre Modelle für Ausstellungen etc. zusammenzufügen.

Schaut euch mal an, wie die Basis für ein Viertel eines Stadtblocks gebaut wird. Am wichtigsten sind die Farben der Fliesen für die Straße und den Bürgersteig und die Platzierung der Technic Steine. Verbunden werden die Basisplatten mit Technic Pins.

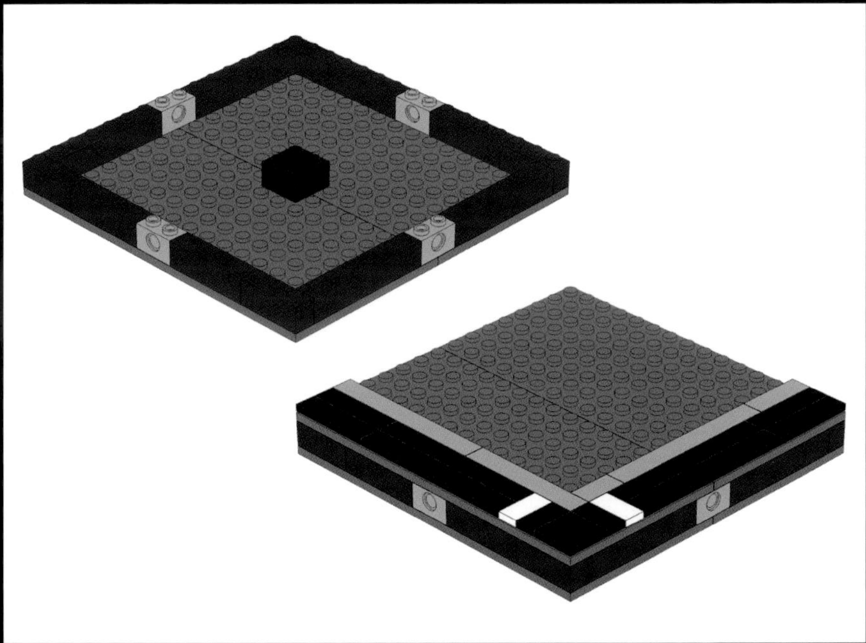

Ein Standard Microscale-Viertelblock misst 16x16 Noppen. Auf jeder Seite erlaubt ein 1x2 Technic Stein, anliegende Blocks mit Pins zu verbinden.

LASST UNS EINIGE DETAILS DER MICROSCALE-GEBÄUDE UNTERSUCHEN.

Notfall-Services

Diese gut ausgerüstete Feuerwache verfügt über einen Hubschrauber und einen Leiterwagen. Die grünen Elemente sind eigentlich Blumen, aber in diesem Maßstab sind sie ganze Büsche.

Das Krankenhaus hat zum Transport der Patienten einen Hubschrauber und einen winzigen Krankenwagen. Auf der Straße fährt gerade ein kleiner Pickup vorbei.

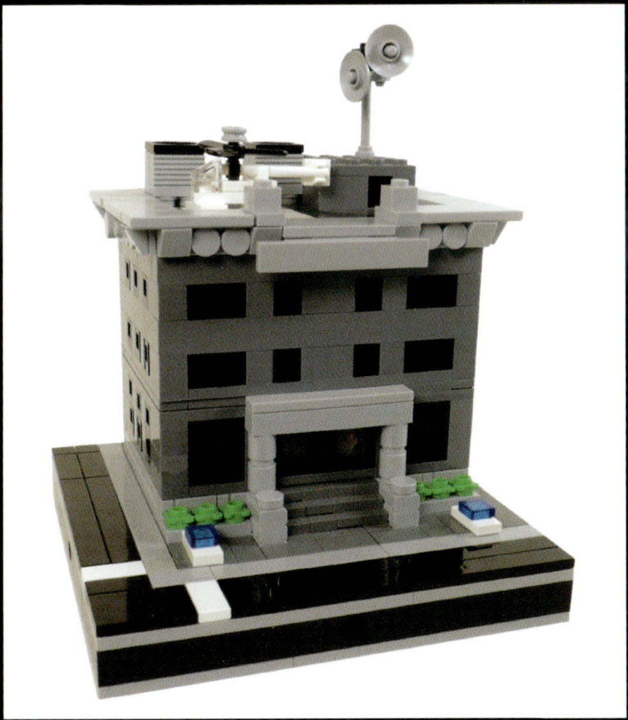

Die Einsatzwagen der Polizeiwache parken direkt vor dem Haupteingang. Im Untergeschoss befindet sich außerdem eine Garage, die Zufahrt liegt in einer Gasse.

Park und Schule

Diese vier Einheiten bilden zusammen einen Park.

Ein kleiner Torbogen markiert den Eingang und eine Statue im Micro-Maßstab überschaut die Bäume.

Vor der Schule stehen schon die Schulbusse, um die Kinder abzuholen. Gleich nebenan liegen ein kleiner Spielplatz und ein Fußballfeld.

Reihenhäuser

Zu den Haustüren dieser bunten kleinen Reihenhäuser führen winzige Treppen.

HABT IHR DIE MÜLLEIMER NEBEN DEN TREPPEN BEMERKT?

Die Geschäfte haben hübsche Markisen und Fenstersimse. Der kleine orangefarbene Eckladen hat sogar eine kleine Werbetafel an seiner Seitenwand.

Bürogebäude

Das Bürogebäude hat einige schöne Details auf dem Dach, wie eine Klimaanlage und Mobilfunkantennen.

BÜROGEBÄUDE LASSEN SICH EINFACH BAUEN, WENN IHR GENÜGEND STEINE HABT, UM SIE REGELMÄßIG UND SYMMETRISCH ZU GESTALTEN.

Fabriken

Manchmal schaue ich einen LEGO® Stein an und werde dazu inspiriert, ein Gebäude zu bauen, in dem ich ihn verwende. Wie zum Beispiel bei diesem verwitterten Octan-Schild.

Die Fenster dieser alten Fabrik sind mit Holzbrettern zugenagelt. Und habt ihr das Schild und die alten Gaslampen gesehen?

Die Details dieses Kraftwerks machen richtig Spaß: der Qualm aus dem Schornstein, der Metallzaun oder die orange Sicherheitsabsperrung.

Vor dem Haus des Förderbetriebs stehen zwei große Tanks, zwei rote Lampen warnen bei Gefahr. Das Rolltor der Garage haben wir aus einem 1x2-Stein mit Streifenprofil gebaut.

Geschäfts-gebäude

Die Fassade dieses neoklassizistischen Eckgebäudes einer Bank zeigt sogar in diesem Maßstab viele Details.

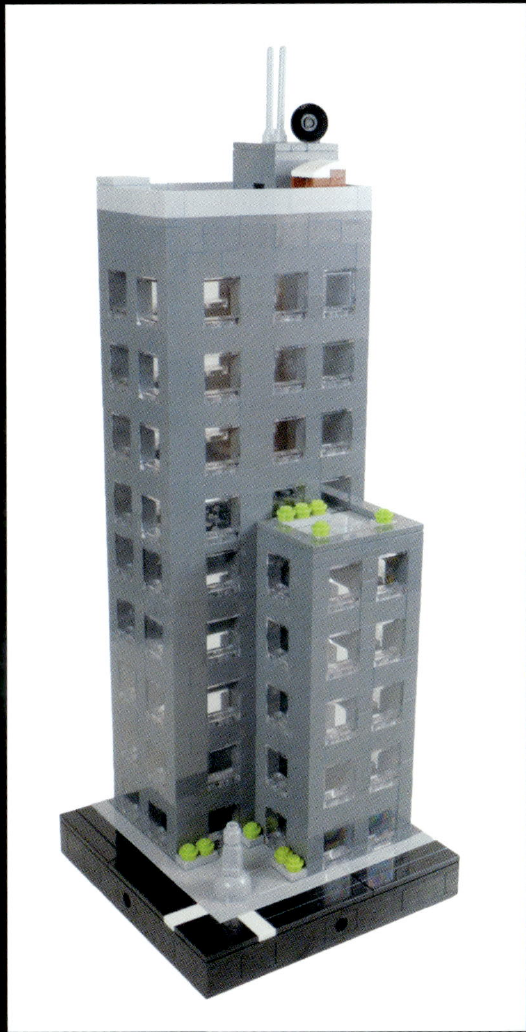

Die Dachterrasse dieses Bürogebäudes lädt in der Mittagspause zur Entspannung ein.

Das Gebäude dieses Zeitungsverlags verfügt über zahlreiche Kommunikationseinheiten auf dem Dach.

Vor dem Eingang dieses Luxushotels wartet eine Stretchlimo. Auf dem Dach befindet sich ein Pool. In diesem Maßstab werden die 1x2-Paneelen zu Balkonen.

VERSUCHT MAL, TRANSPARENTE FARBSTEINE ZU VERWENDEN, UM GETÖNTE SCHEIBEN DARZUSTELLEN.

Dieses Gebäude befindet sich noch im Bau. Es besteht bisher lediglich aus Balken mit hölzernen Laufbrettern, auf denen die Bauarbeiter arbeiten. Der kleine Kran oben auf der Spitze befördert Teile an ihren Bestimmungsort.

Wolkenkratzer wie dieser können noch viel größer werden, wenn ihr vier 16x16-Blöcke kombiniert und den gesamten Platz ausnutzt.

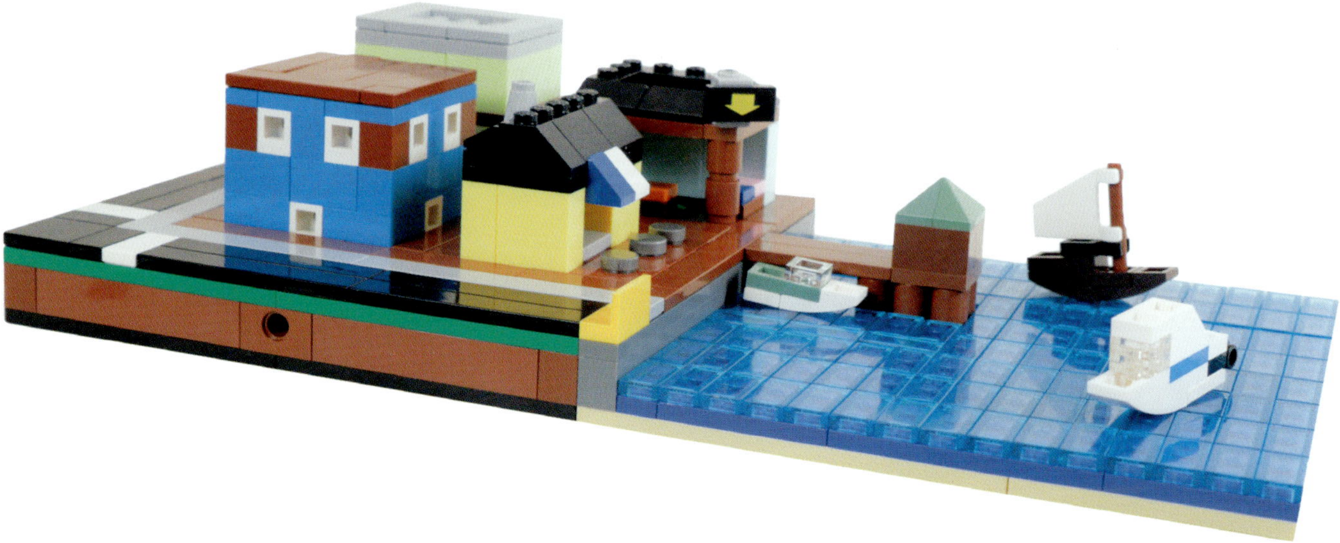

Hafen

In diesem Quadrat des Hafens liegen ein Segelboot, ein Schnellboot, eine Yacht – und ein hölzerner Anlegesteg.

An der Uferpromenade liegen einige Hafenshops. Die kleinen Boote geben dem Ganzen ihren Reiz.

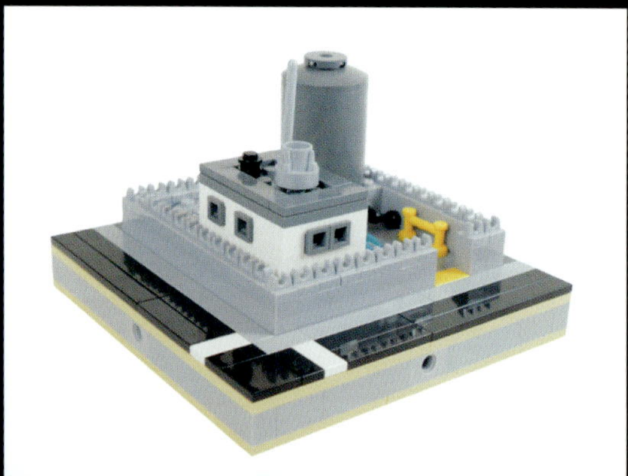

Dieses Wasserwerk umgibt ein Stacheldrahtzaun.

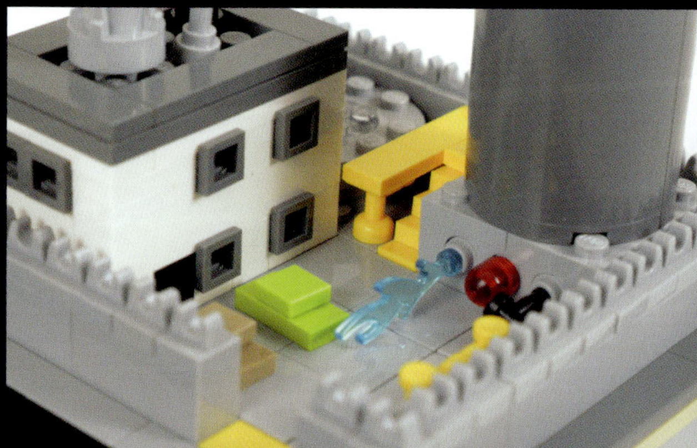

Sieht aus, als wäre ein Unfall passiert: Das Wasser läuft aus!

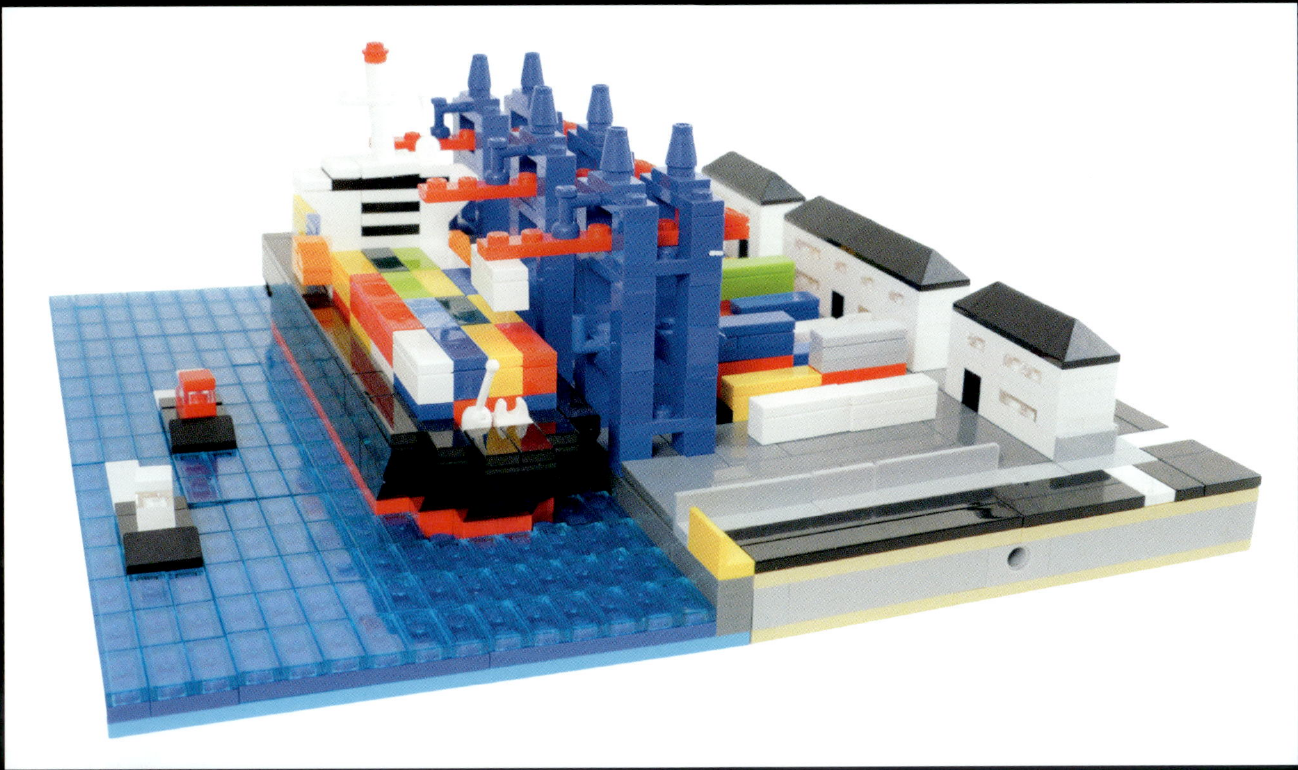

Dieser Frachthafen und das Containerschiff bringen wirklich Leben in die Stadt. Es gibt sogar Ladekräne und Schleppboote.

JETZT, WO WIR EUCH IN UNSERER STADT HERUMGEFÜHRT UND EUCH SOGAR EINEN KLEINEN MAßSTAB GEZEIGT HABEN, WIRD ES ZEIT, SICH NOCH EIN WEITERES GEBÄUDE ANZUSEHEN.

ES IST ZIEMLICH INTERESSANT, DESHALB ZEIGEN WIR EUCH HIER SEINE BAUANLEITUNG, SODASS IHR ES NACHBAUEN KÖNNT.

Wohnen über Eck

Dieses über Eck gestaltete Gebäude mit Eigentumswohnungen im „Europäischen Stil“ macht sich in jeder Stadt gut. Der durch Tore gesicherte Innenhof bildet einen kleinen Gemeinschaftsgarten für die Bewohner des Hauses. Beide Häuser sind auch innen voll ausgestattet, inklusive Küche, Wohnbereiche und sogar einem LEGO® Zimmer. Lasst uns loslegen!

Teileübersicht

Wenn ihr Teile nachbestellen müsst,
schaut mal unter:
www.bricklink.com oder www.lego.de.

Vergesst nicht, ihr könnt natürlich jederzeit Teile ersetzen oder andere Farben verwenden.
Ihr sucht mehr Bauanleitungen wie diese?
Dann schaut doch mal auf unserer Homepage vorbei: www.brickcitydepot.com.

WOW! GANZ SCHÖN VIELE TEILE!

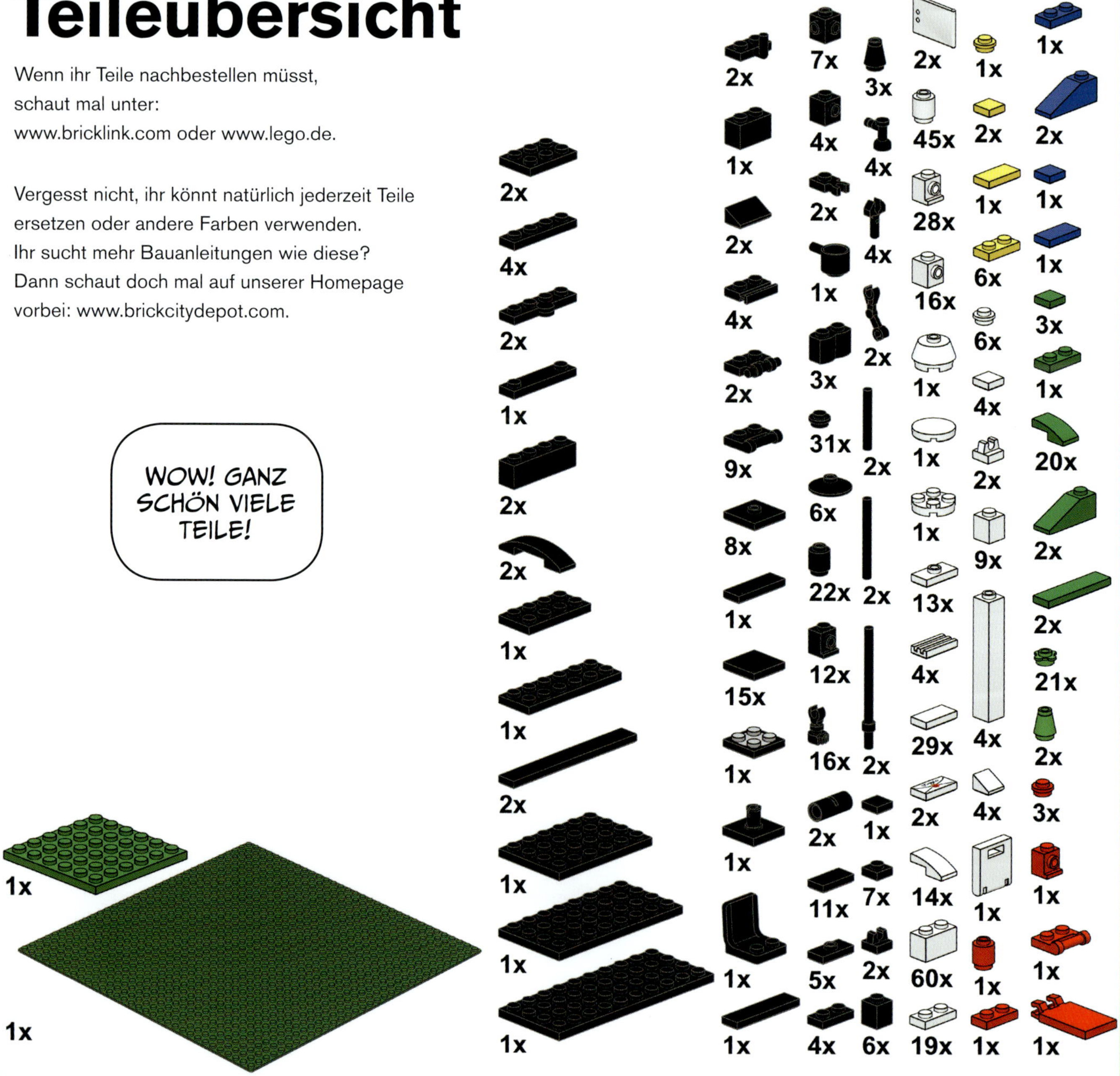

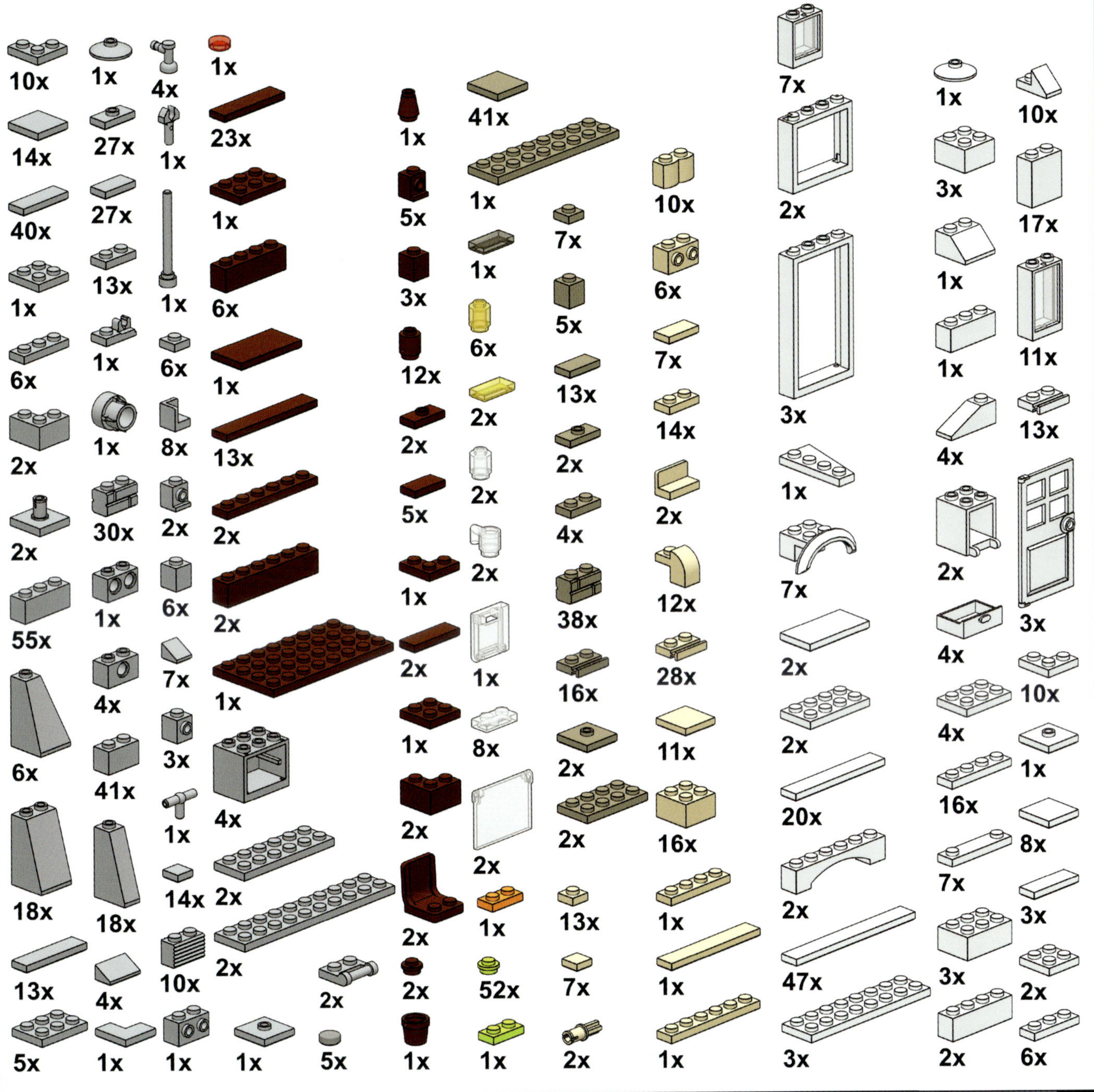
10x
14x
40x
1x
6x
2x
2x
55x
6x
18x
13x
5x
1x
27x
27x
13x
1x
1x
30x
1x
4x
41x
18x
4x
1x
4x
1x
1x
6x
8x
2x
6x
7x
3x
1x
14x
10x
1x
1x
23x
1x
6x
1x
13x
2x
2x
1x
4x
2x
2x
1x
2x
5x
1x
5x
3x
12x
2x
5x
1x
2x
1x
2x
2x
2x
1x
41x
1x
1x
6x
2x
2x
2x
1x
8x
2x
1x
52x
1x
7x
5x
13x
2x
4x
38x
16x
2x
2x
13x
7x
2x
10x
6x
7x
14x
2x
12x
28x
11x
16x
1x
1x
1x
7x
2x
3x
1x
7x
2x
2x
20x
2x
47x
3x
1x
3x
1x
1x
4x
2x
4x
4x
16x
7x
3x
2x
10x
17x
11x
13x
3x
10x
1x
8x
3x
2x
6x

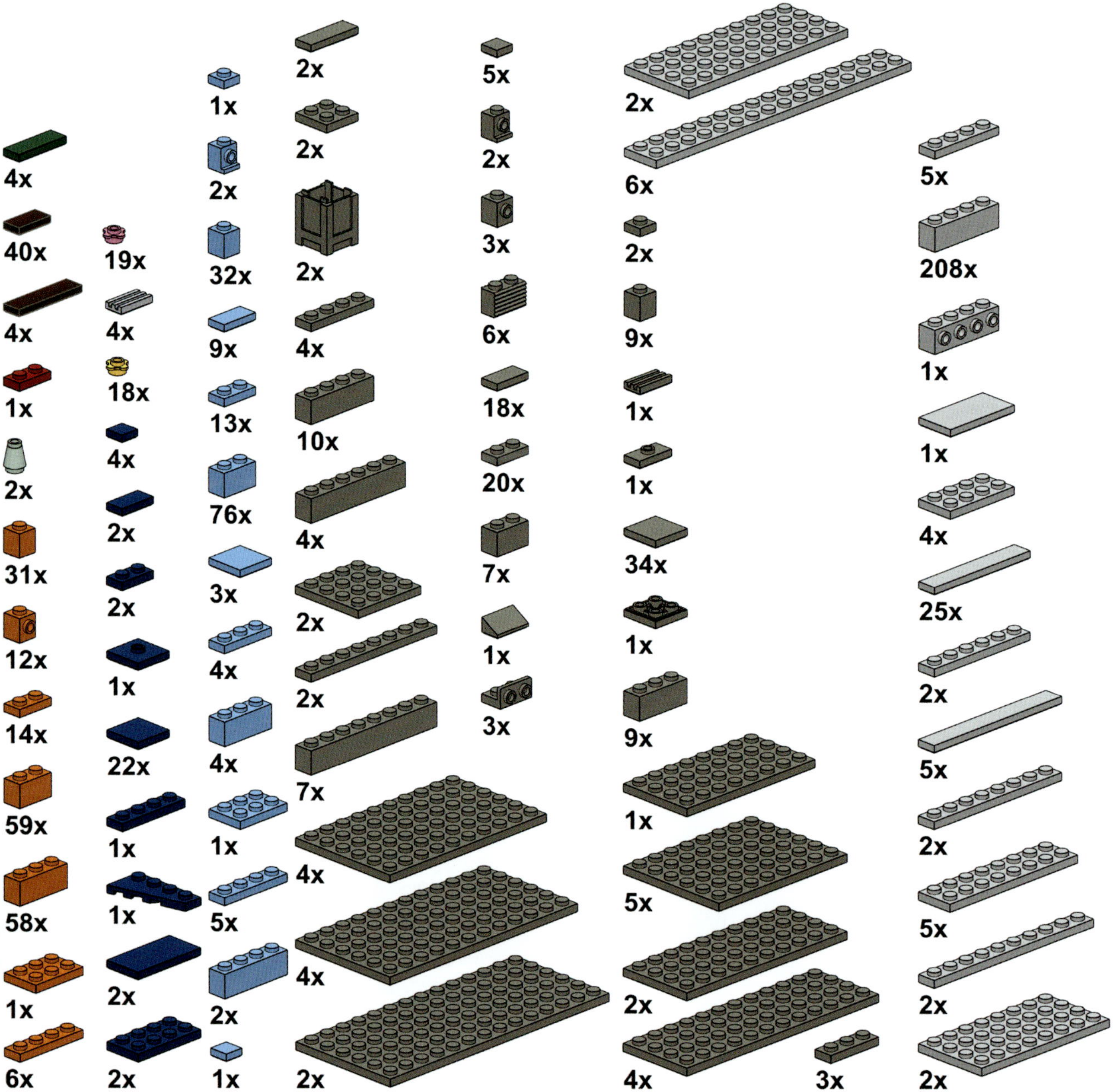
4x
40x
4x
1x
2x
31x
12x
14x
59x
58x
1x
6x
19x
4x
18x
4x
2x
2x
1x
22x
1x
1x
2x
2x
1x
2x
32x
9x
13x
76x
3x
4x
4x
1x
5x
2x
1x
2x
2x
2x
4x
10x
4x
2x
2x
7x
4x
4x
2x
5x
2x
3x
6x
18x
20x
7x
1x
3x
2x
6x
2x
9x
1x
1x
34x
1x
9x
1x
5x
2x
4x
3x
5x
208x
1x
1x
4x
25x
2x
5x
2x
5x
2x
2x

Erdgeschoss

1

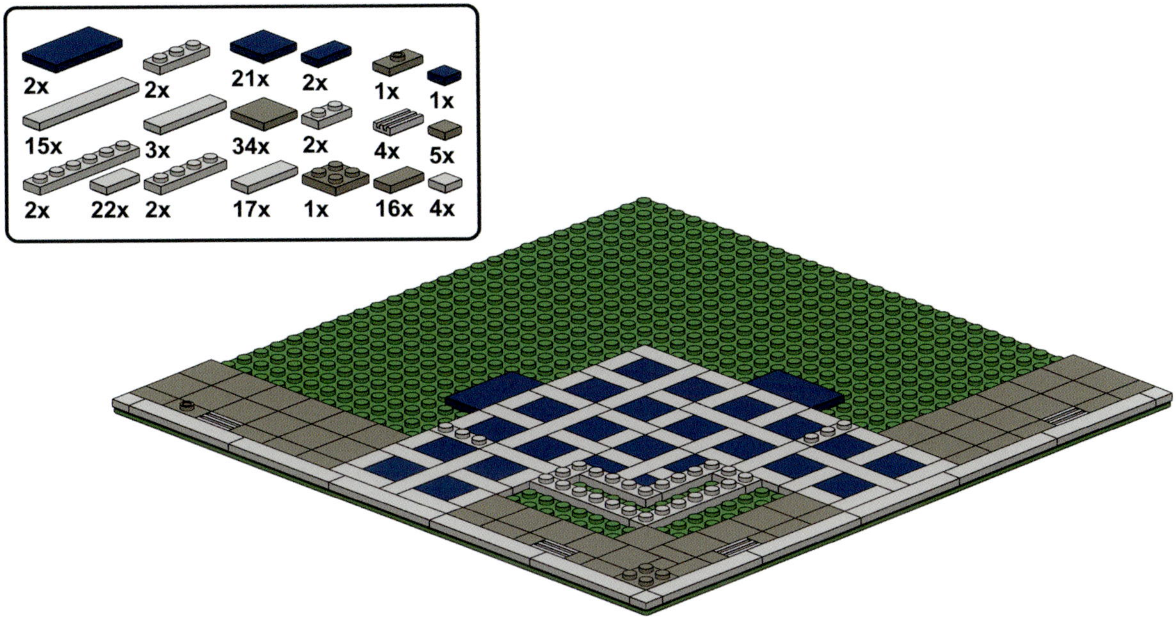

2

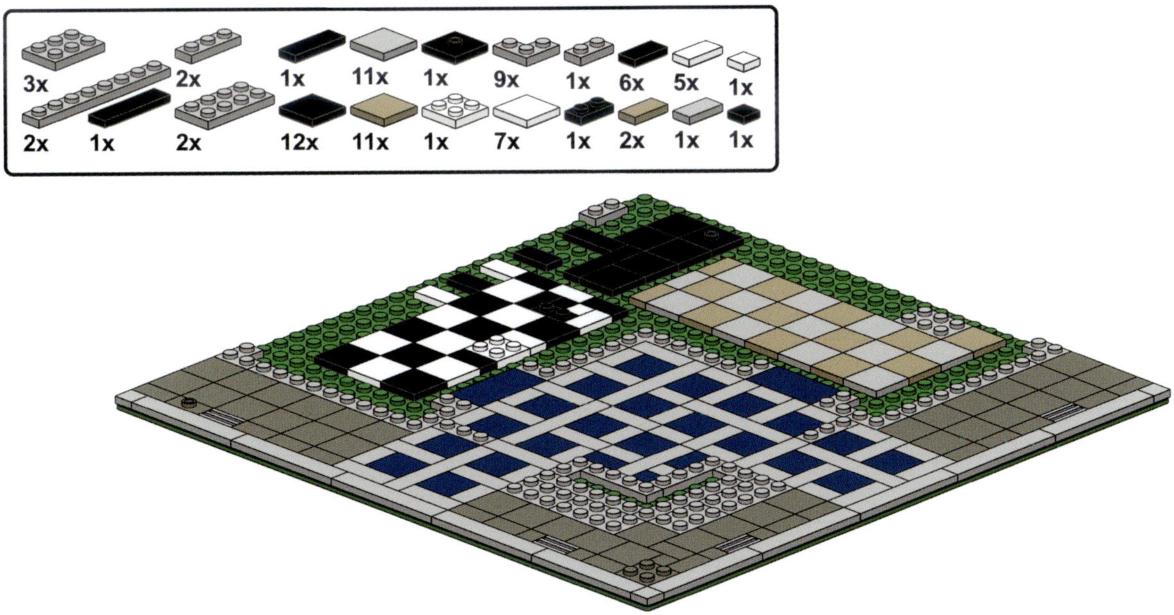

3

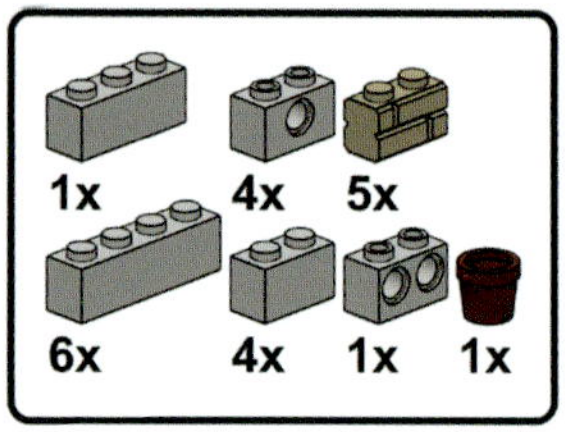

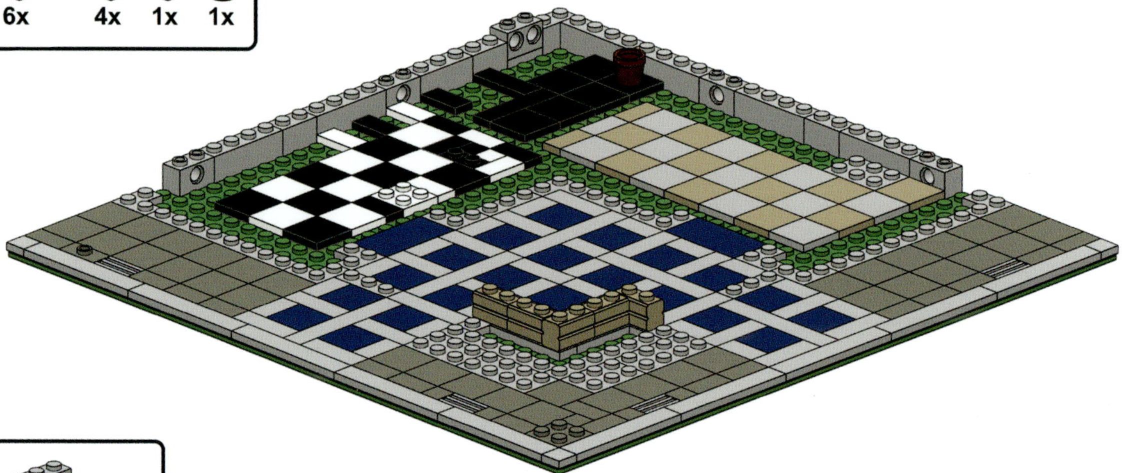

4

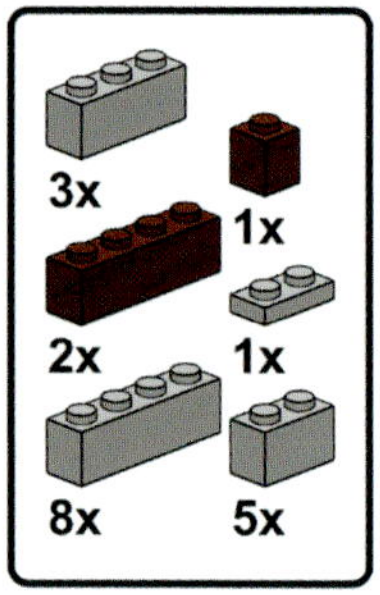

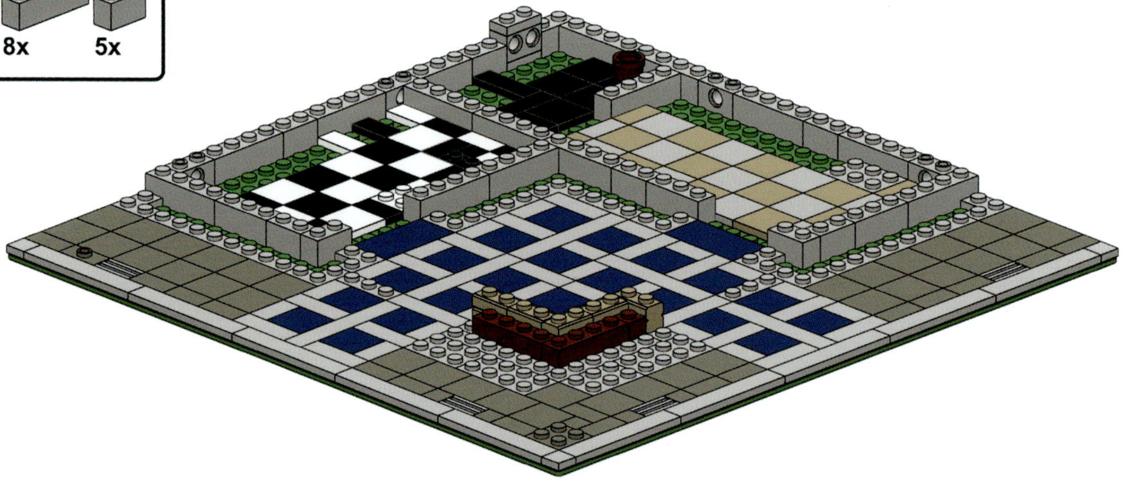

5

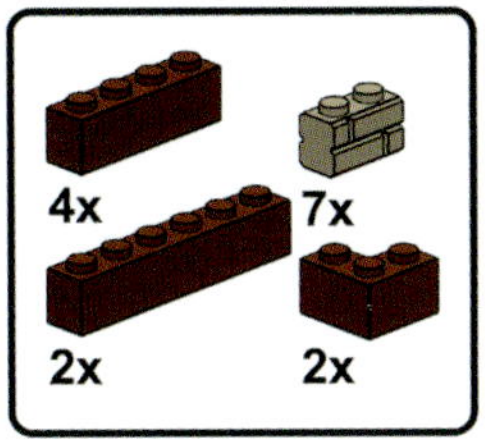

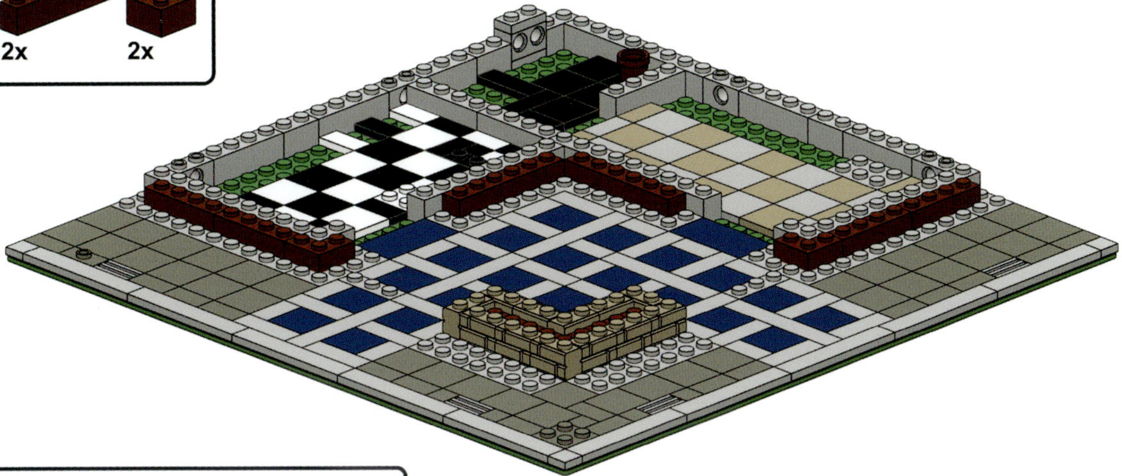

6

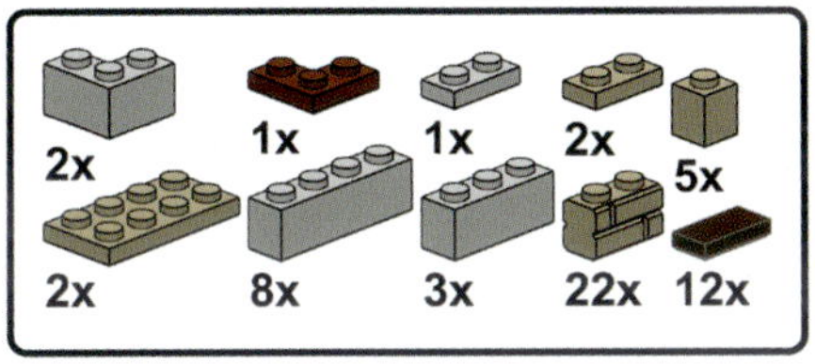

7

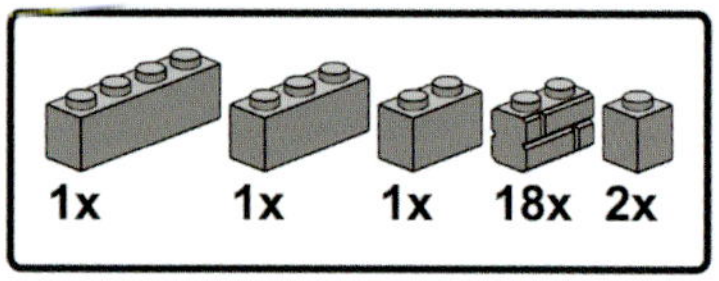

8

9

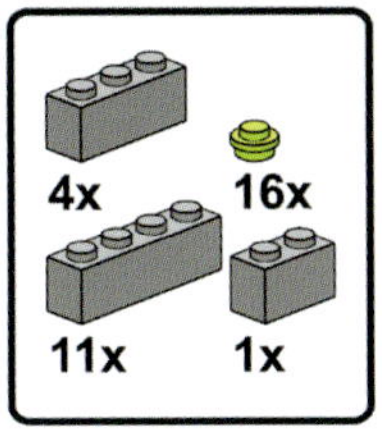

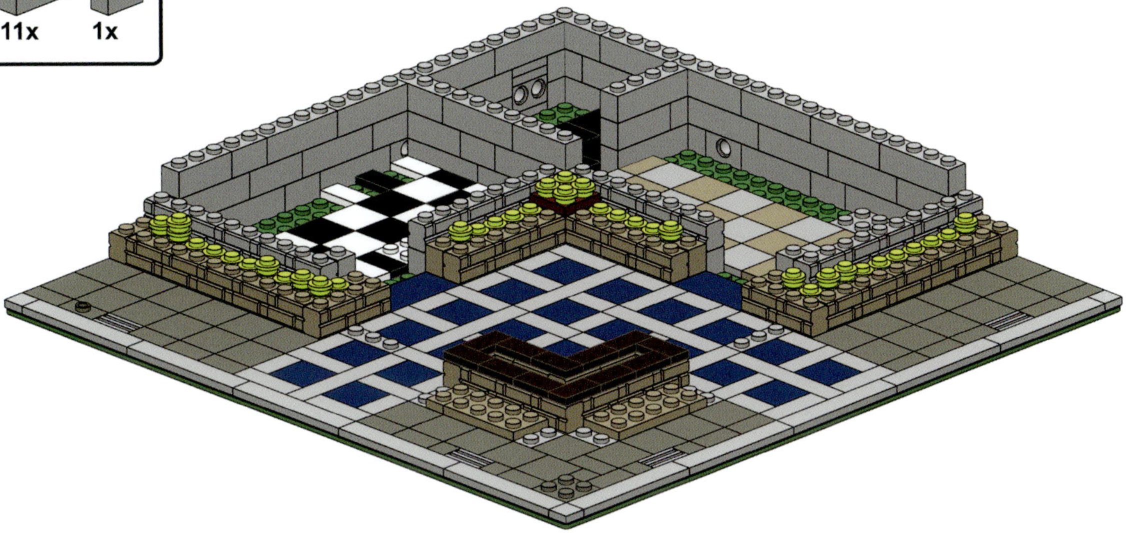

10

11

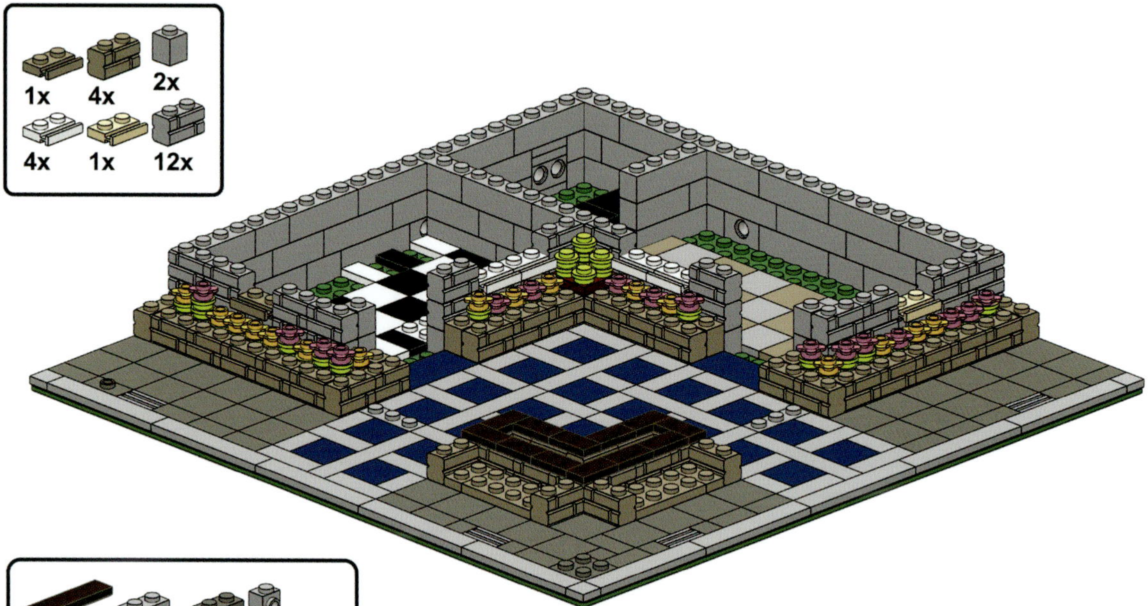

12

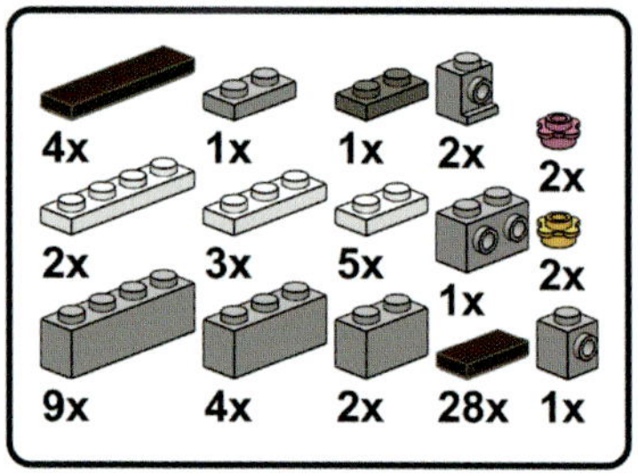

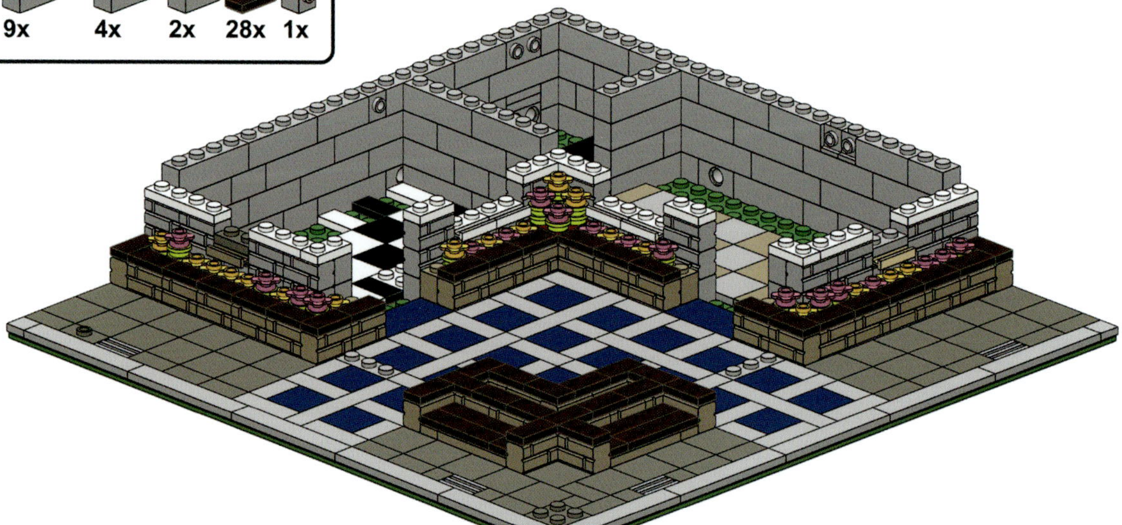

13

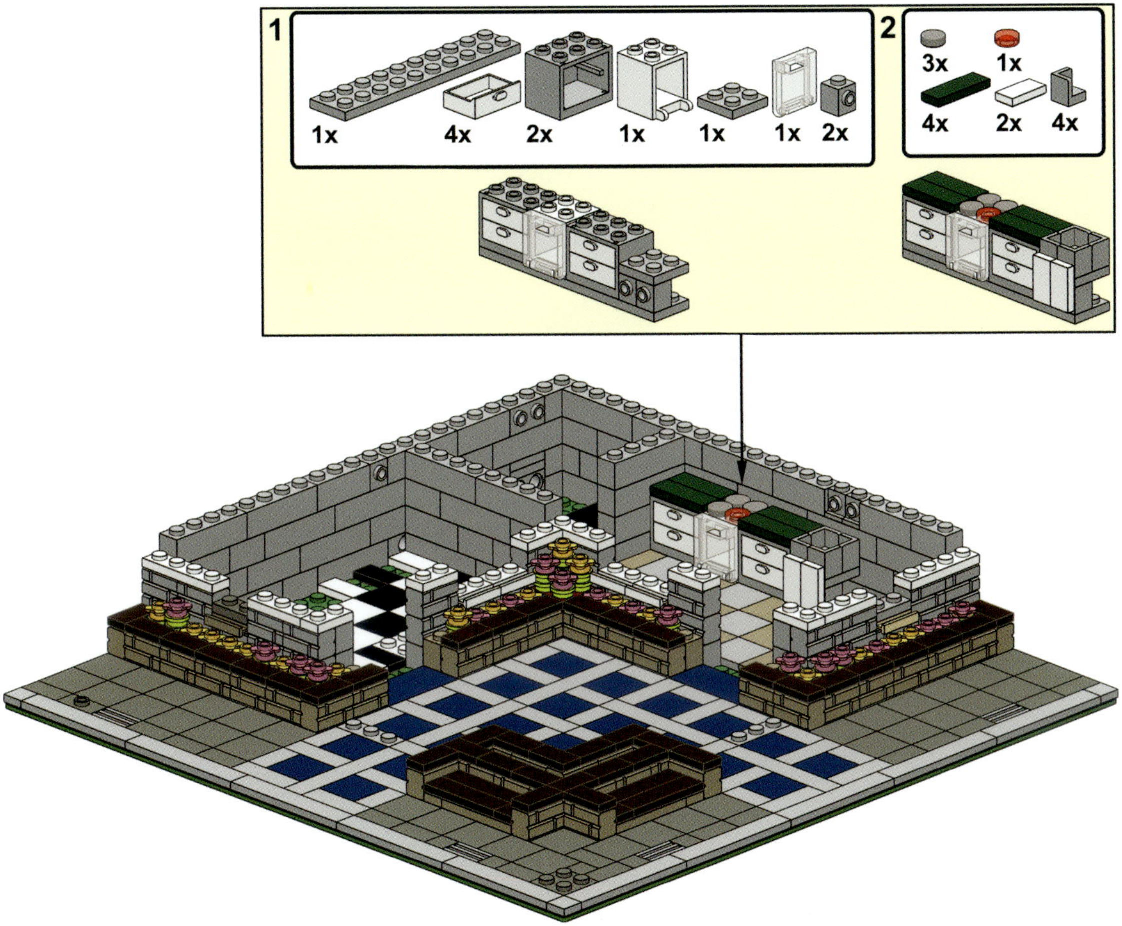

14

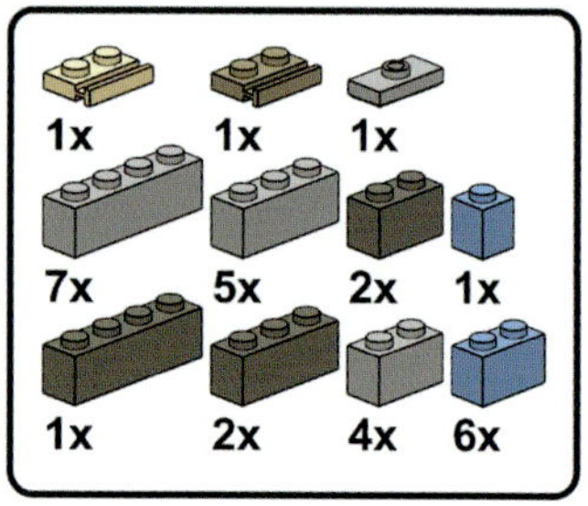

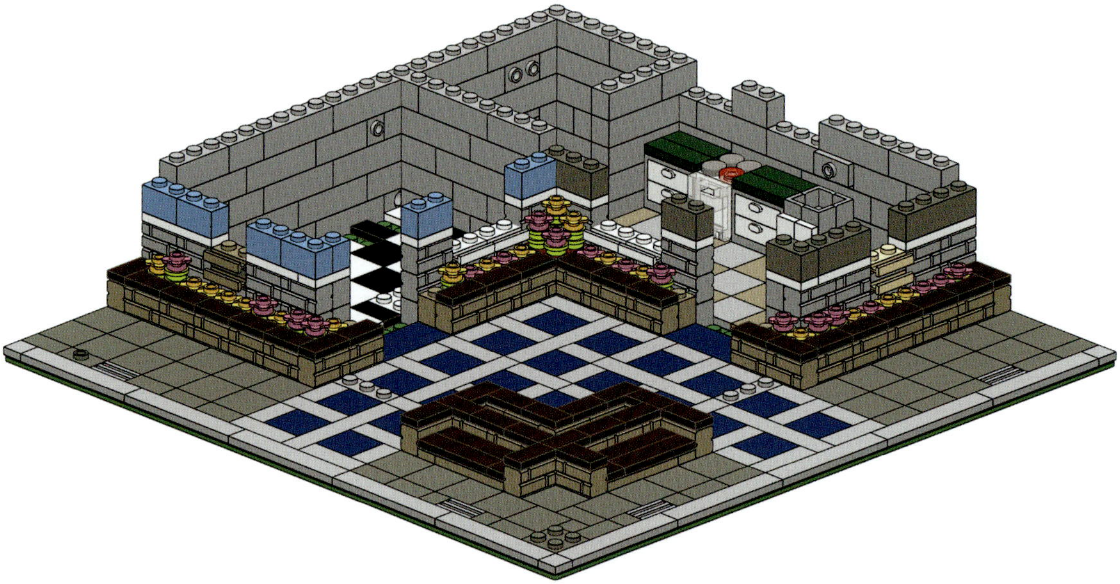

15

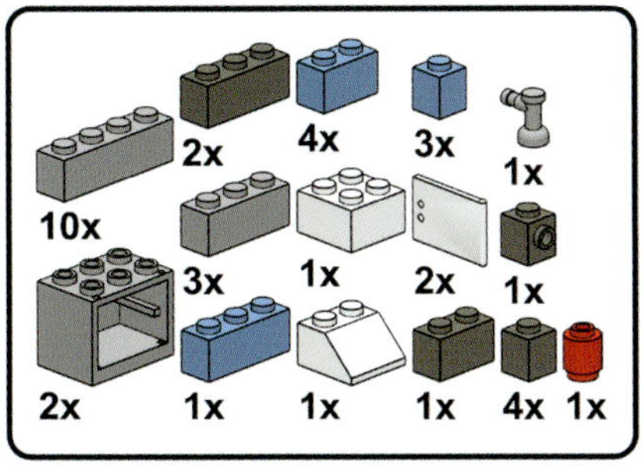

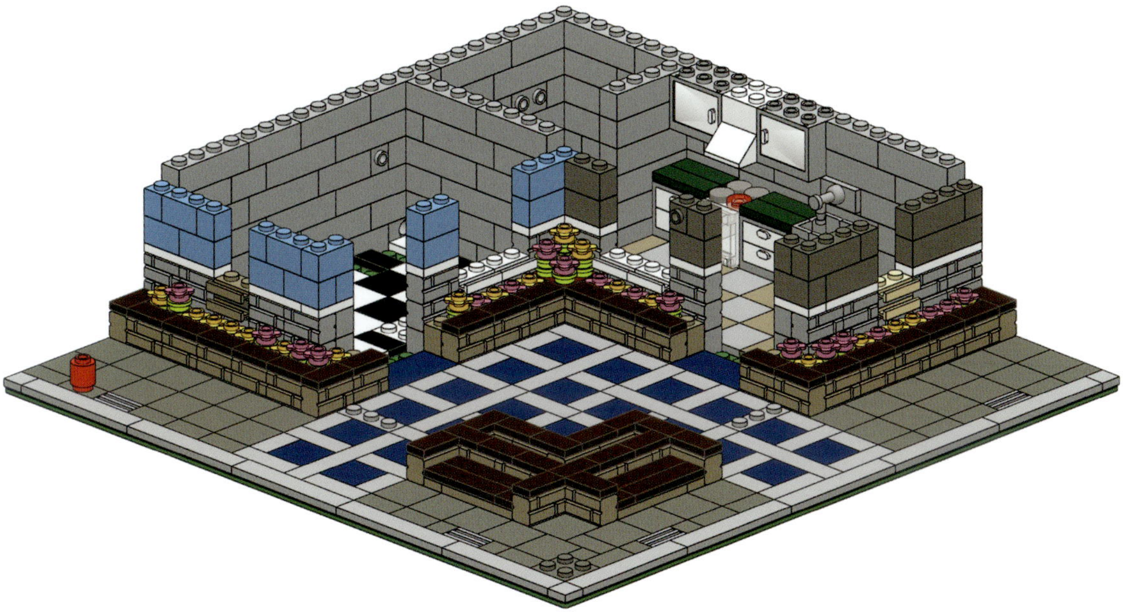

16

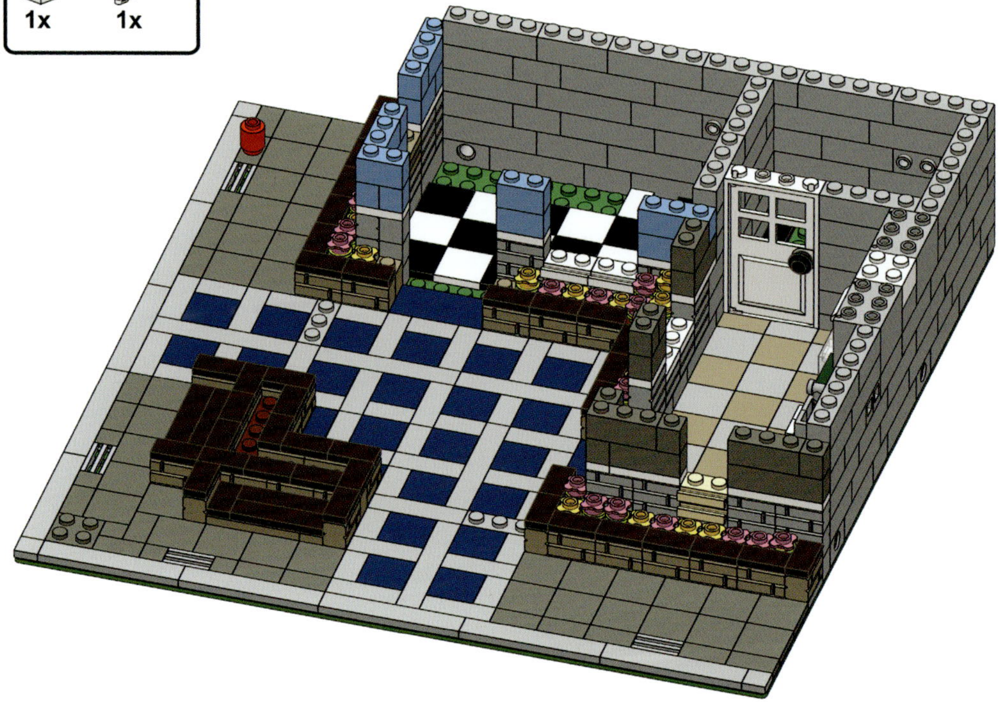

17

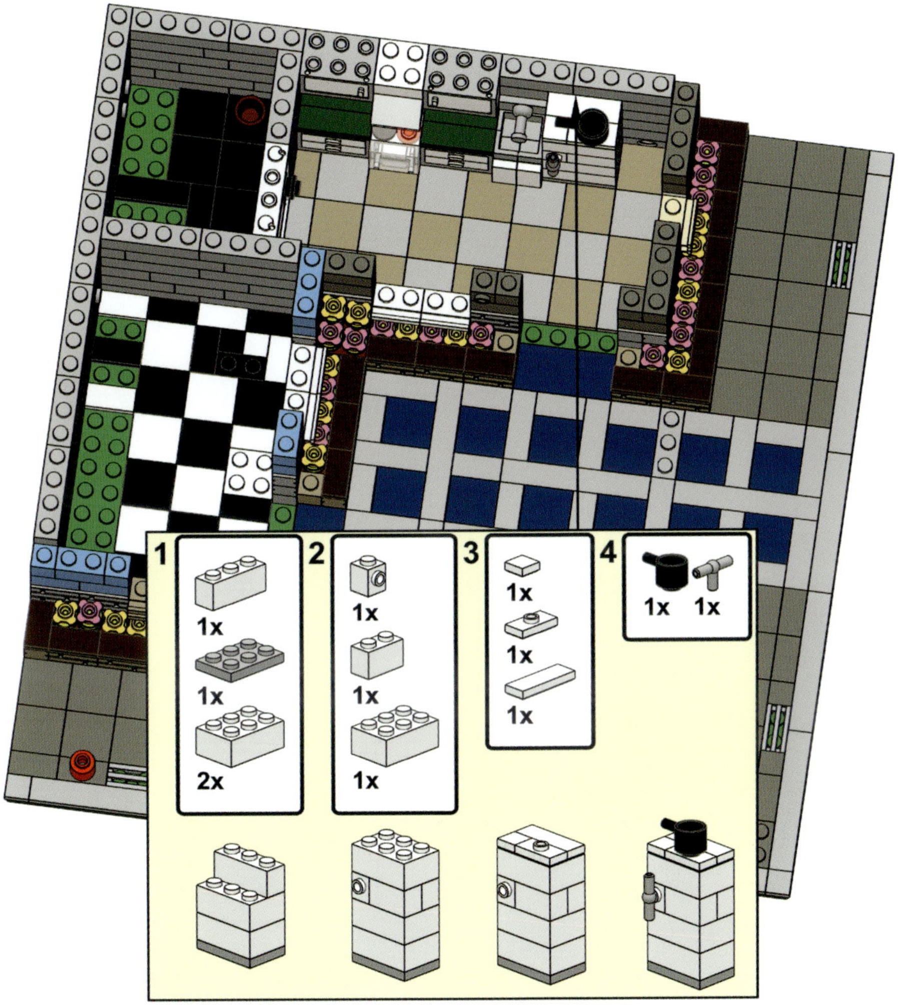

18

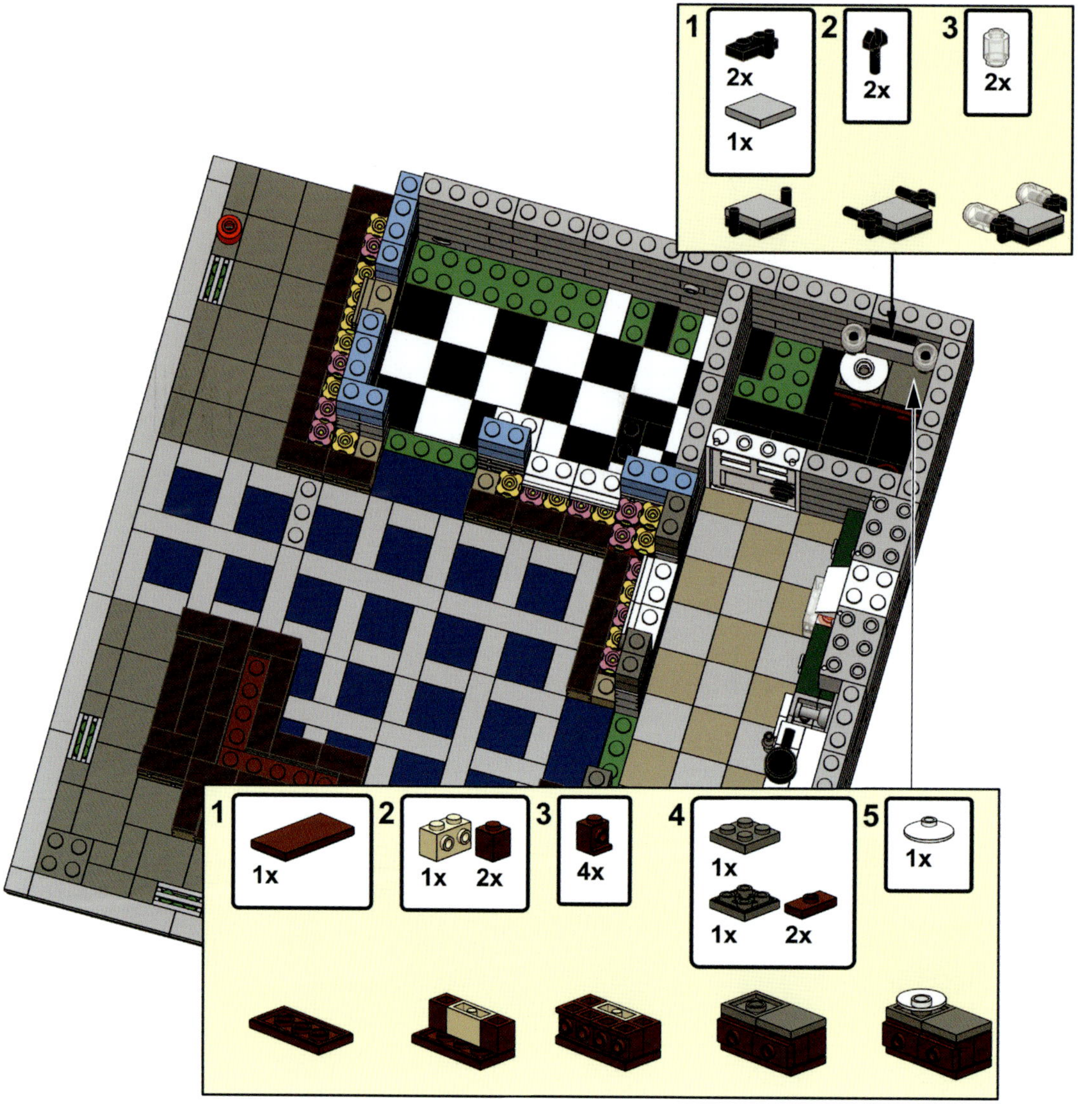

19

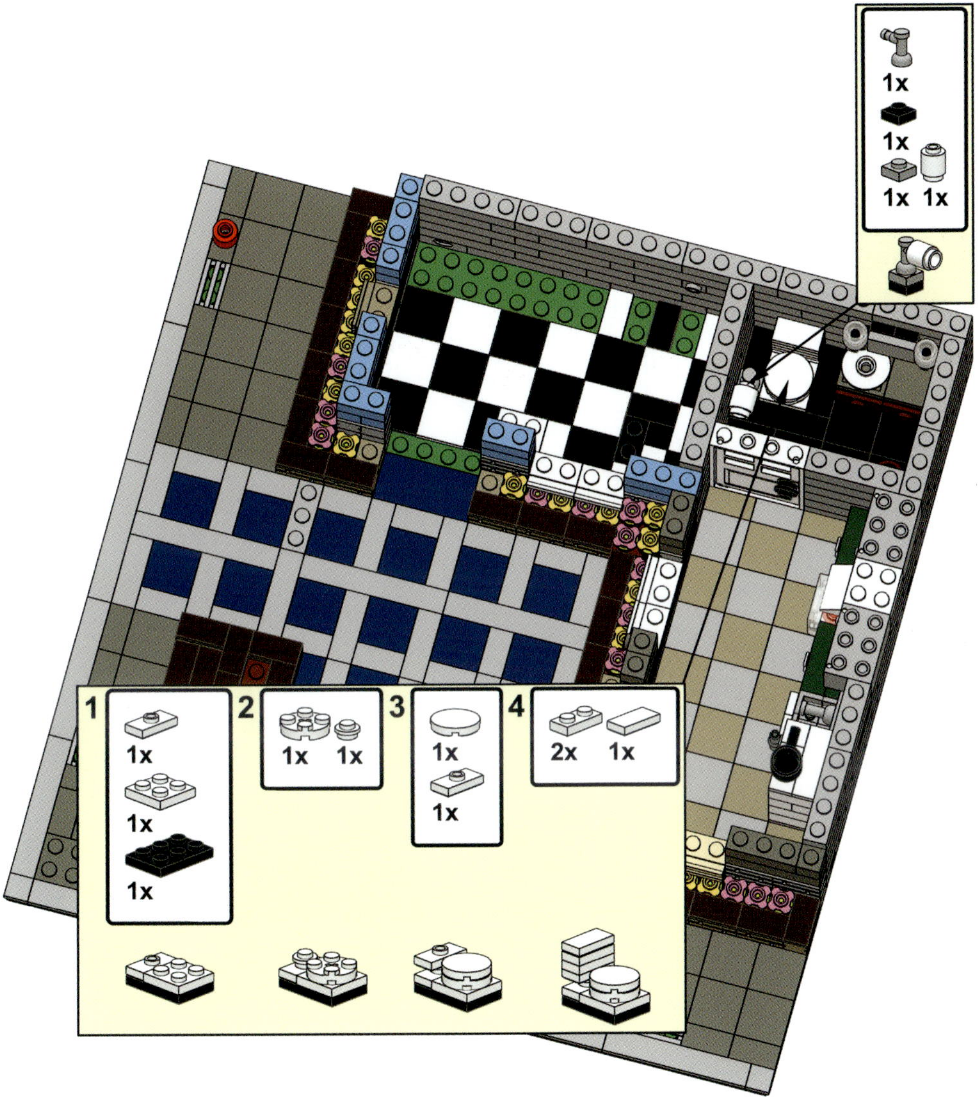

20

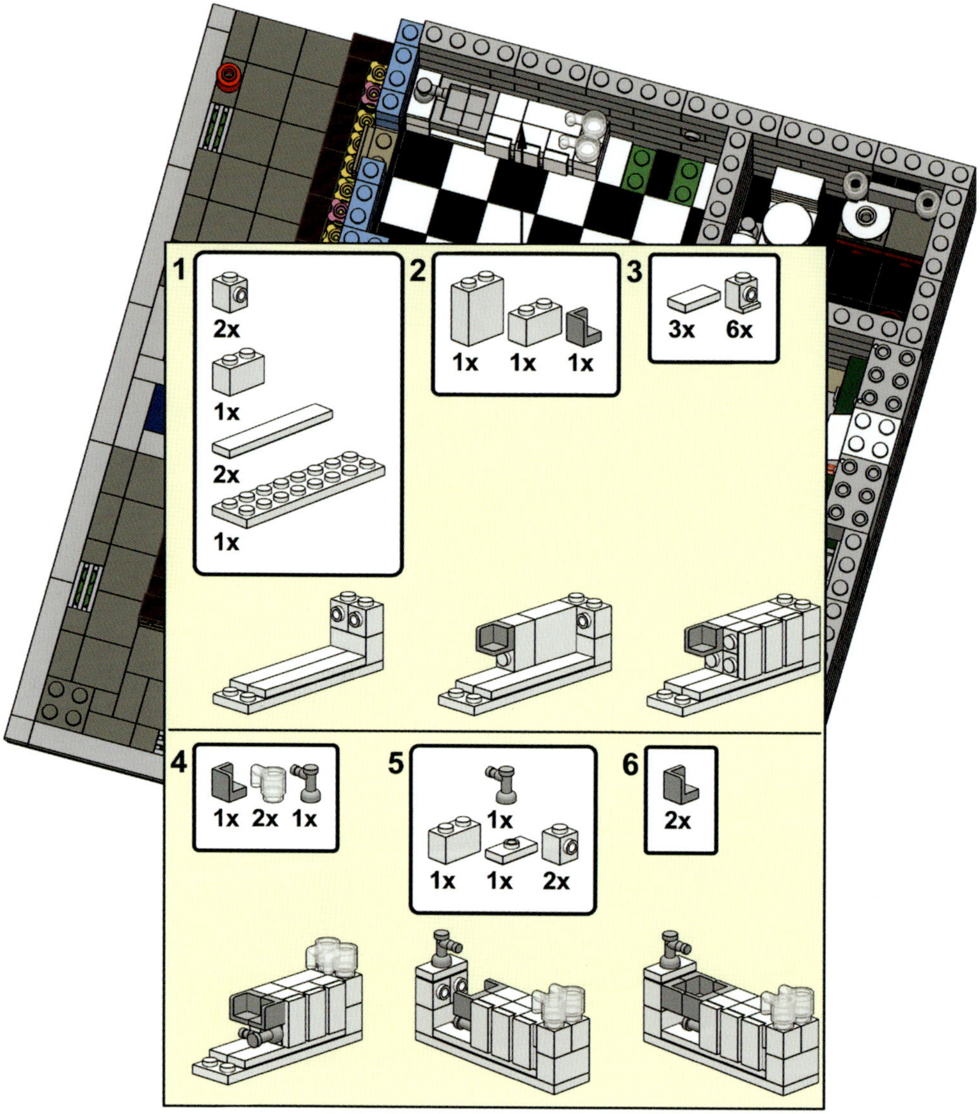

21

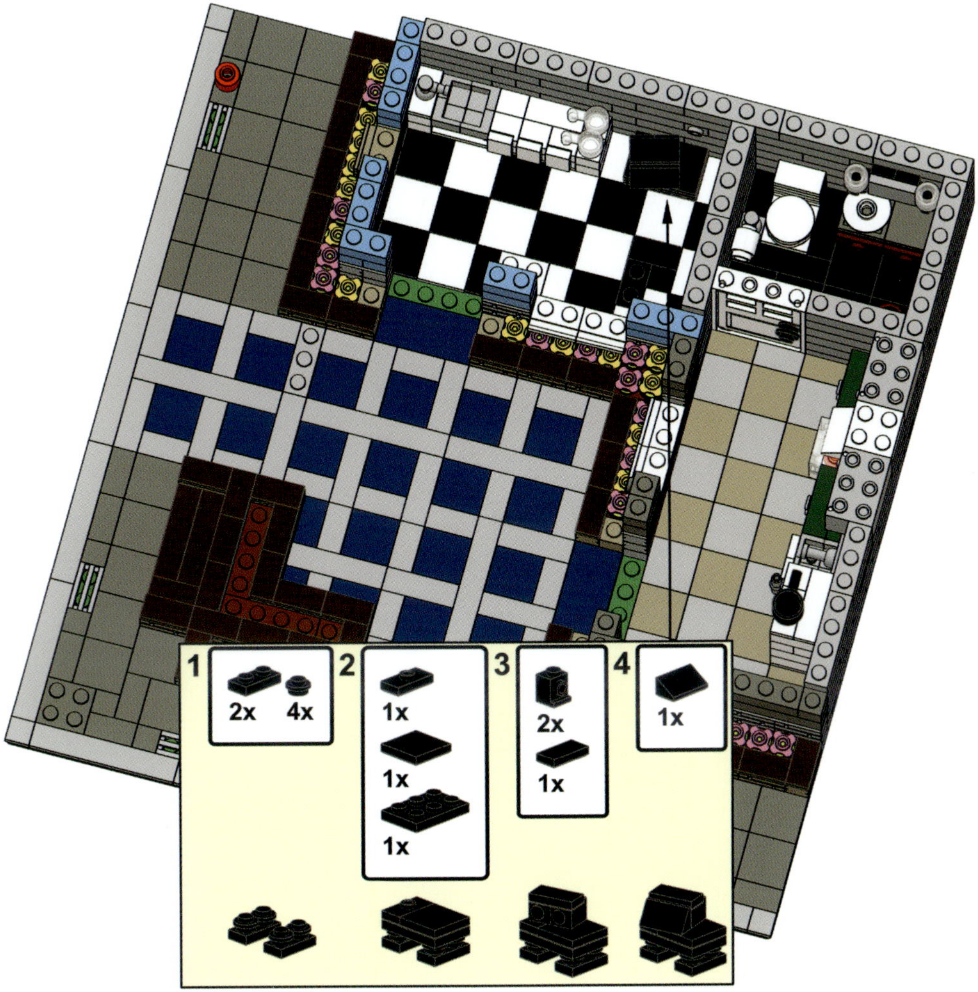

22

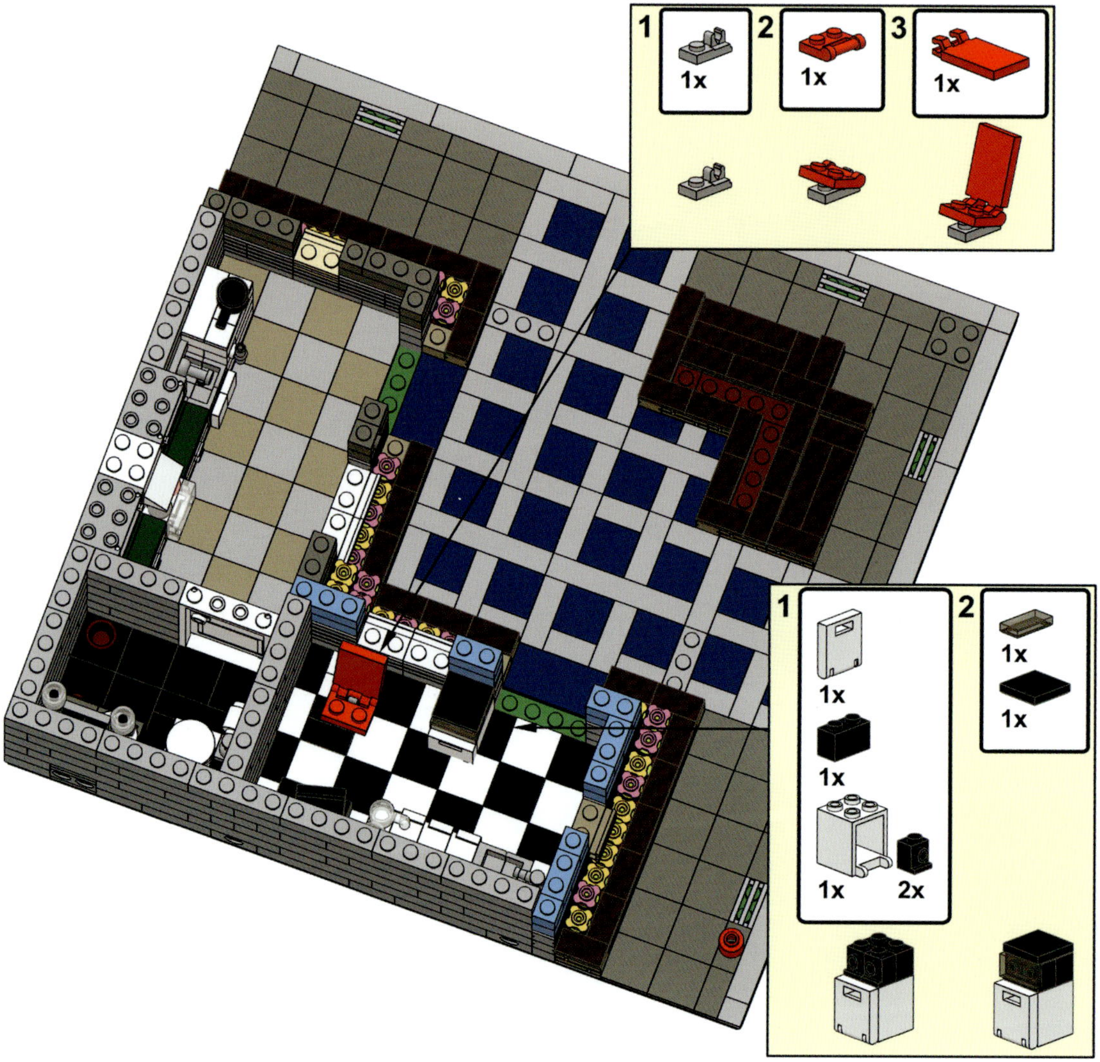

23

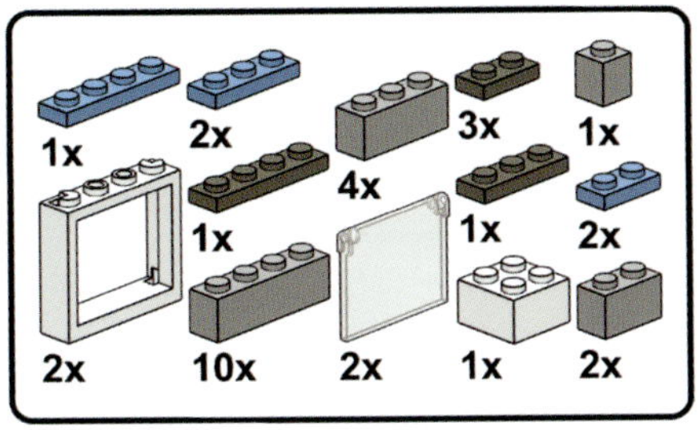

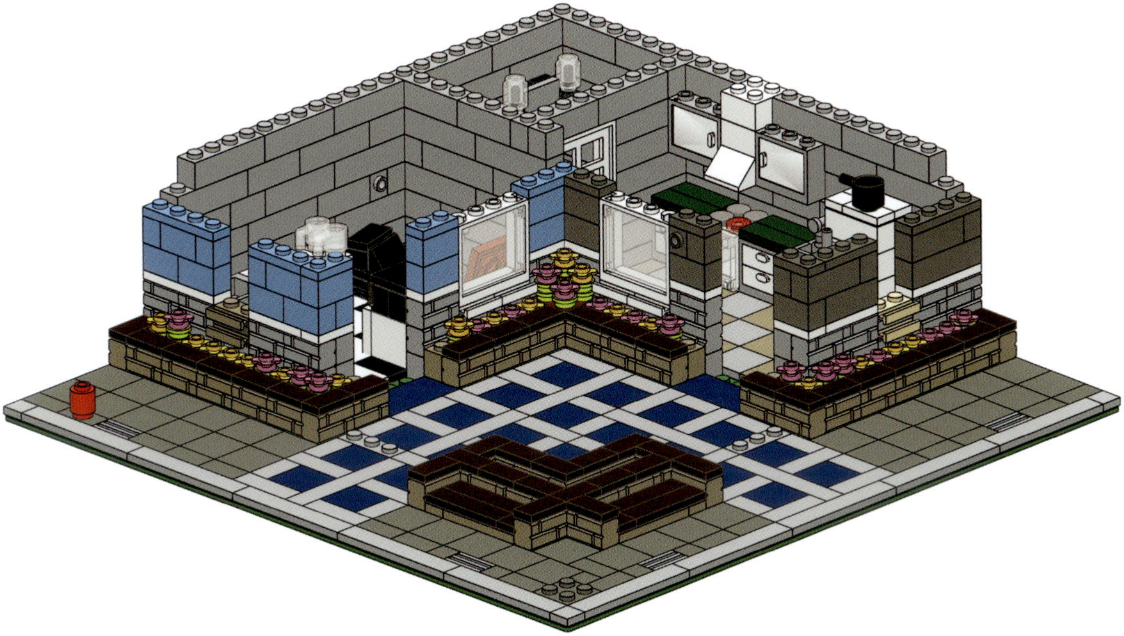

24

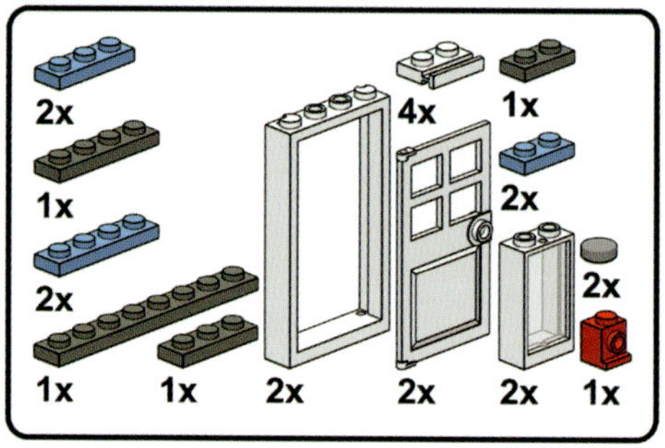

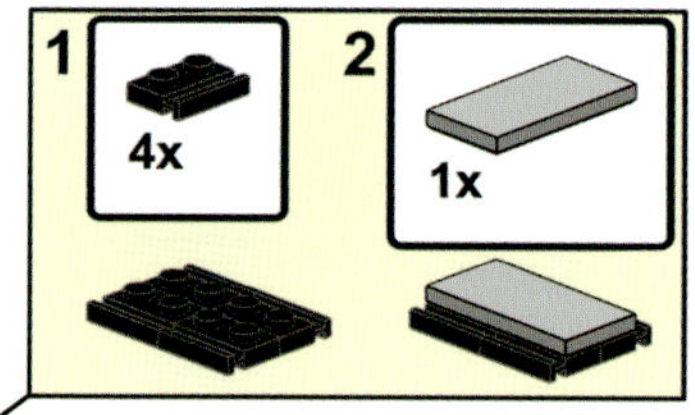

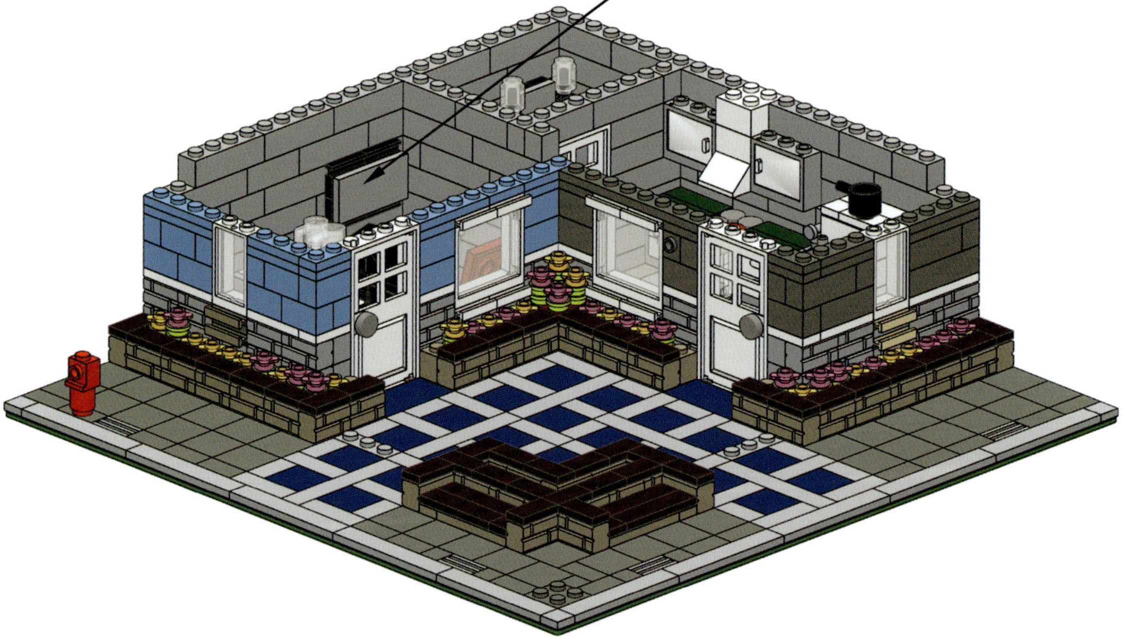

25

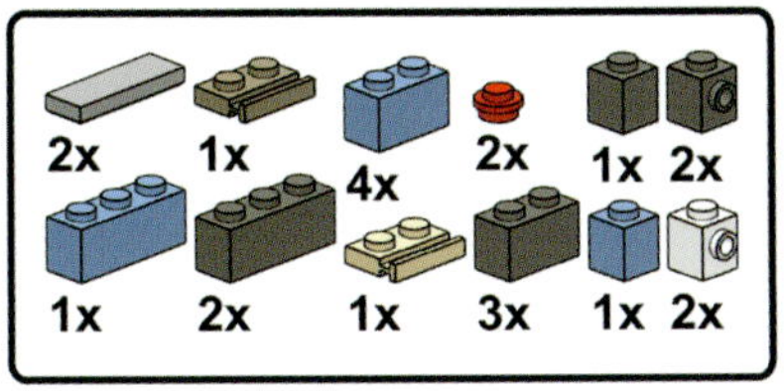

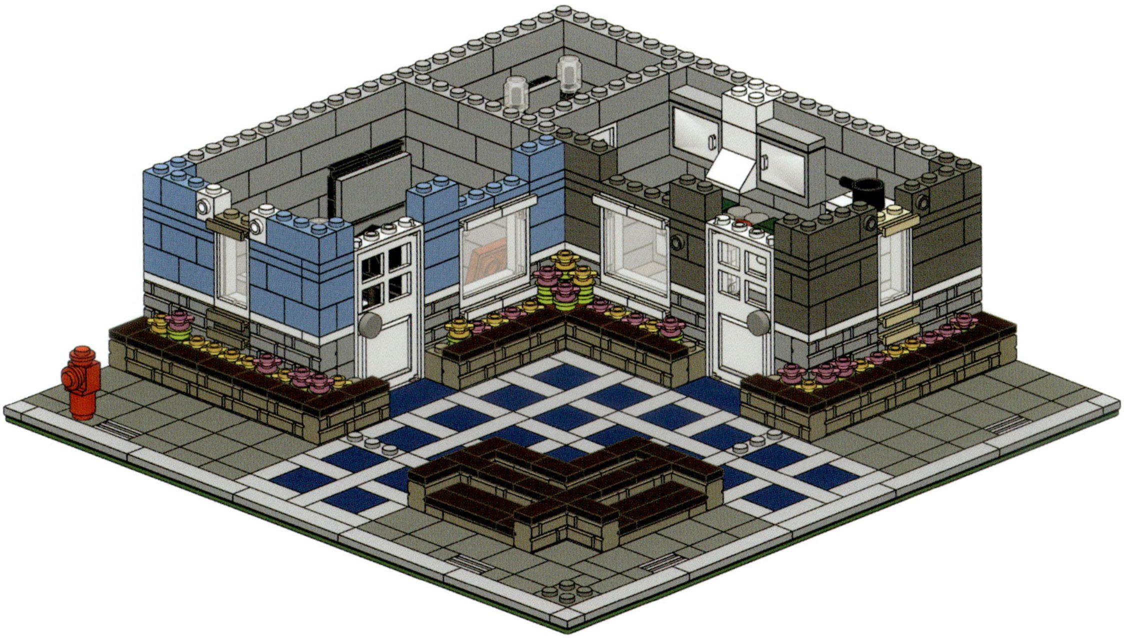

26

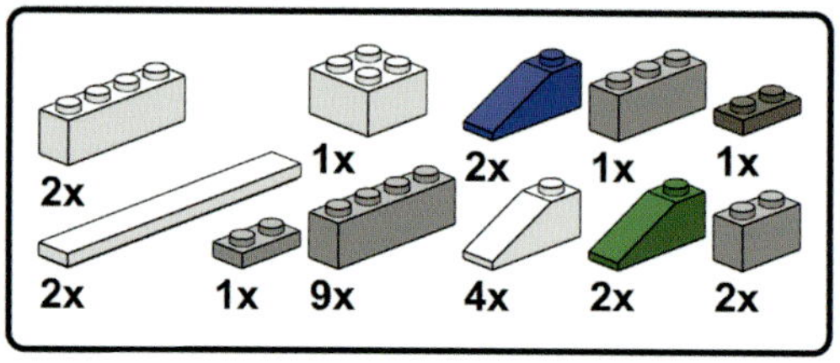

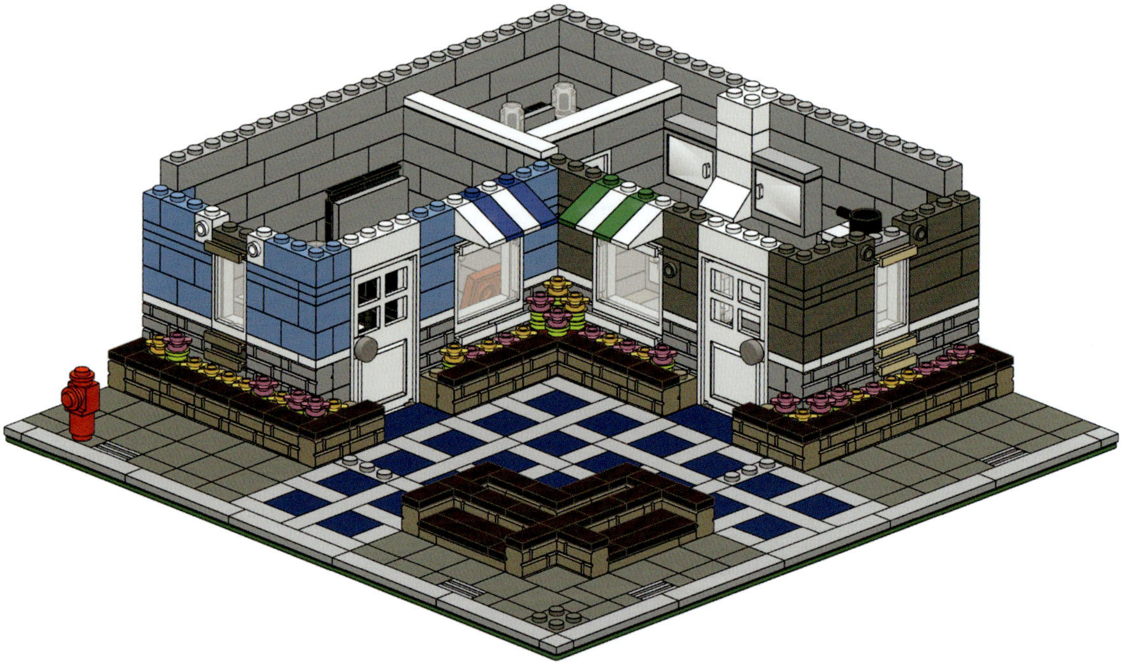

27

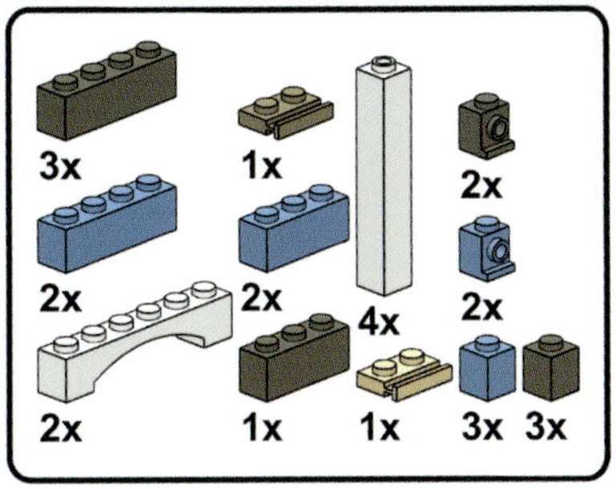

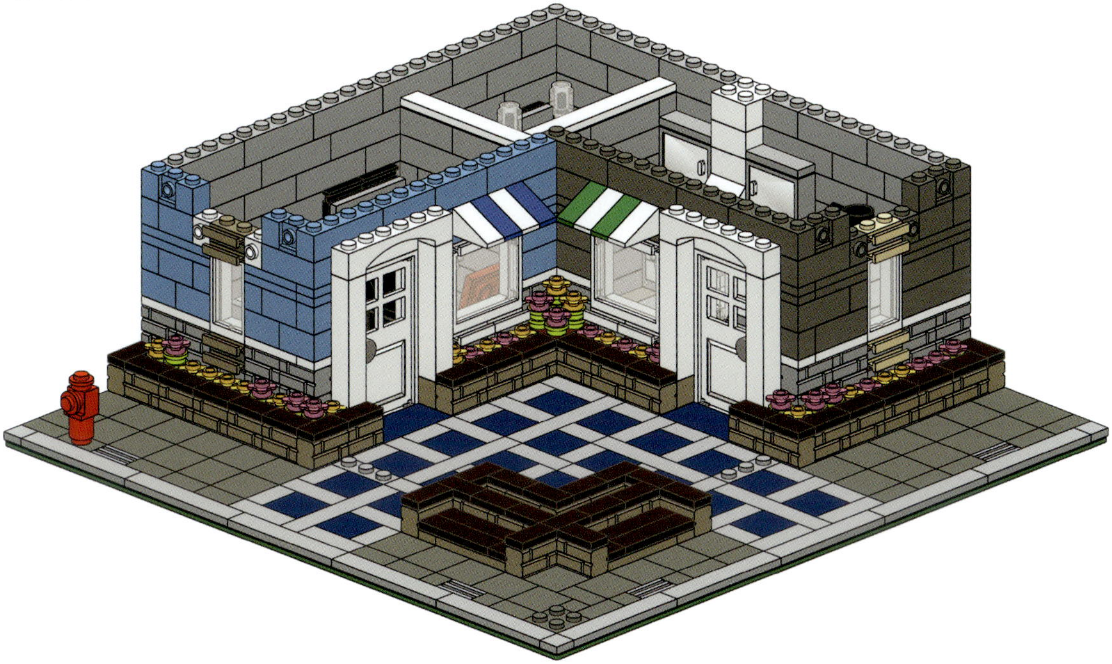

28

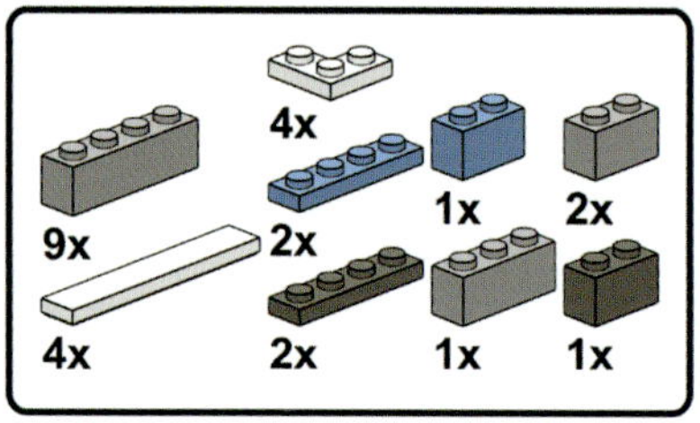

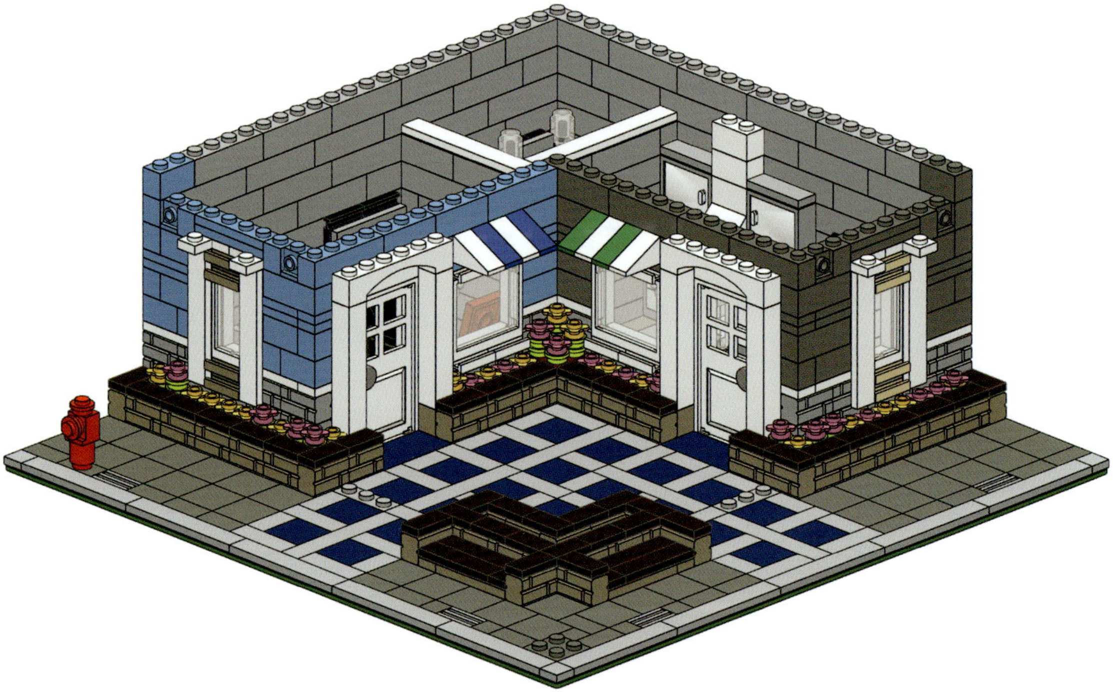

29

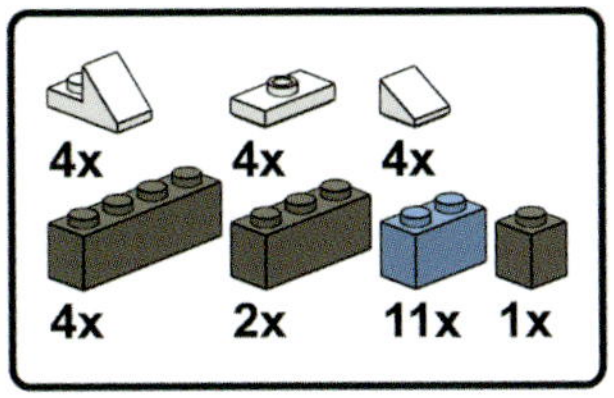

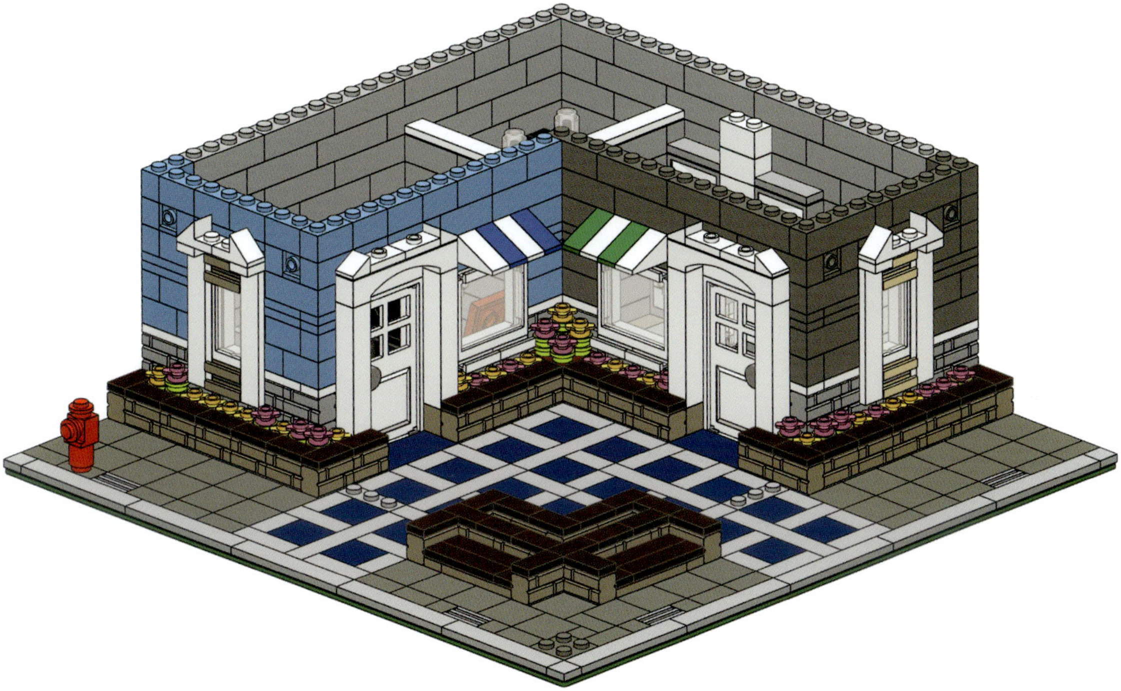

30

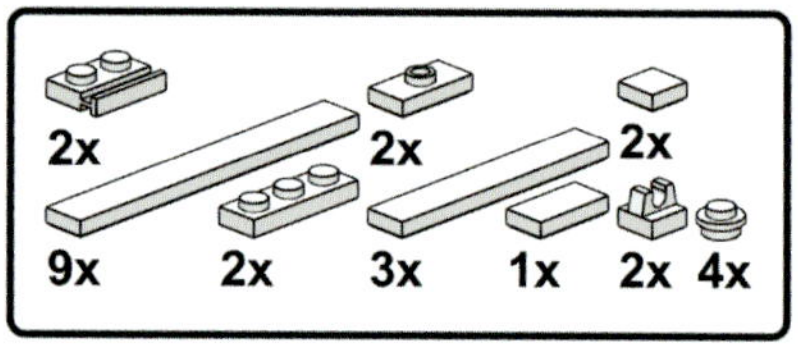

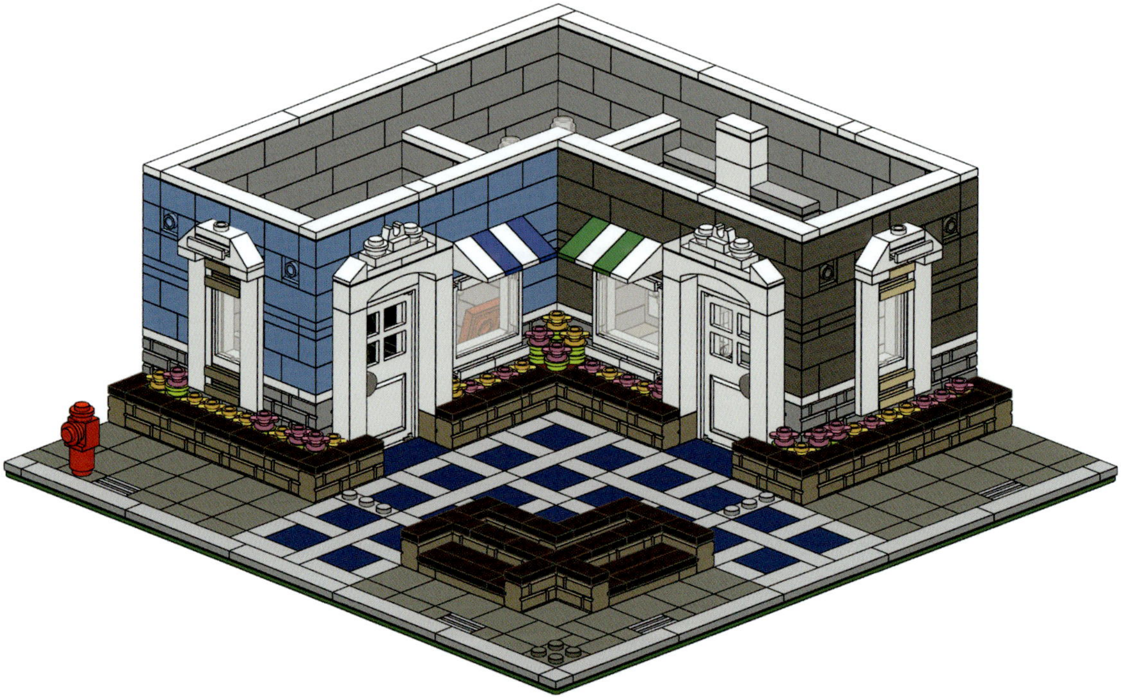

31

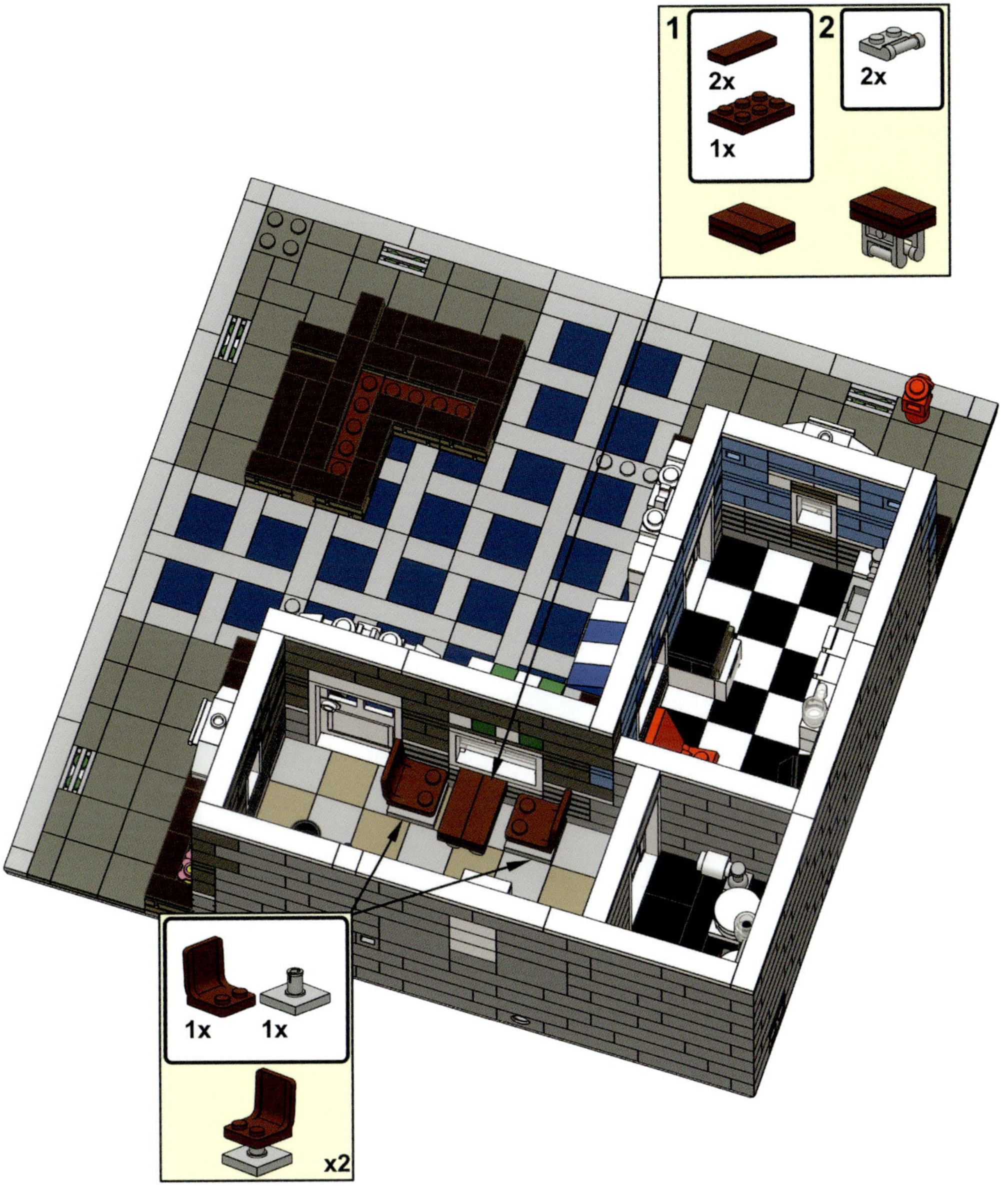

32

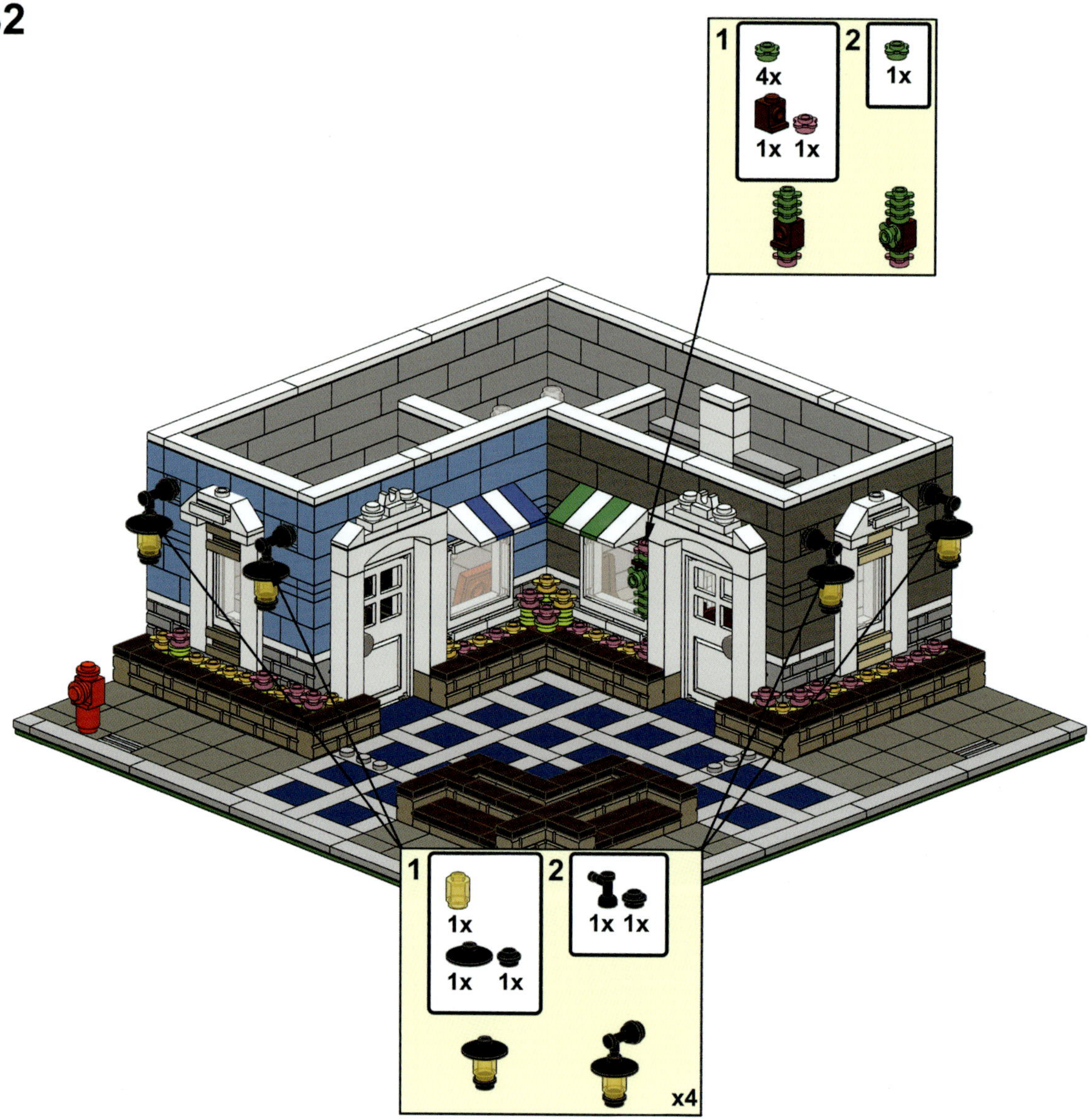

33

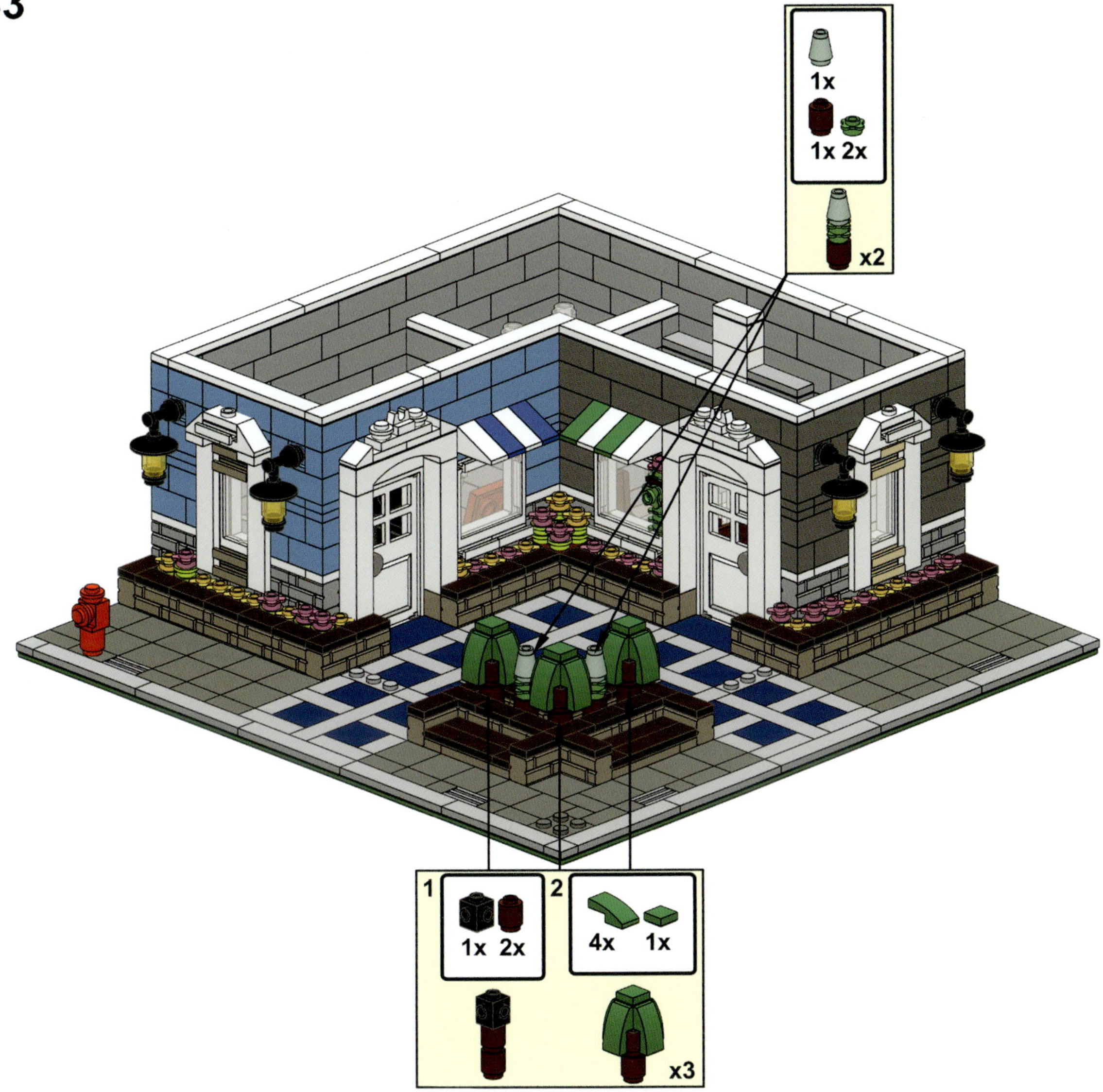

34

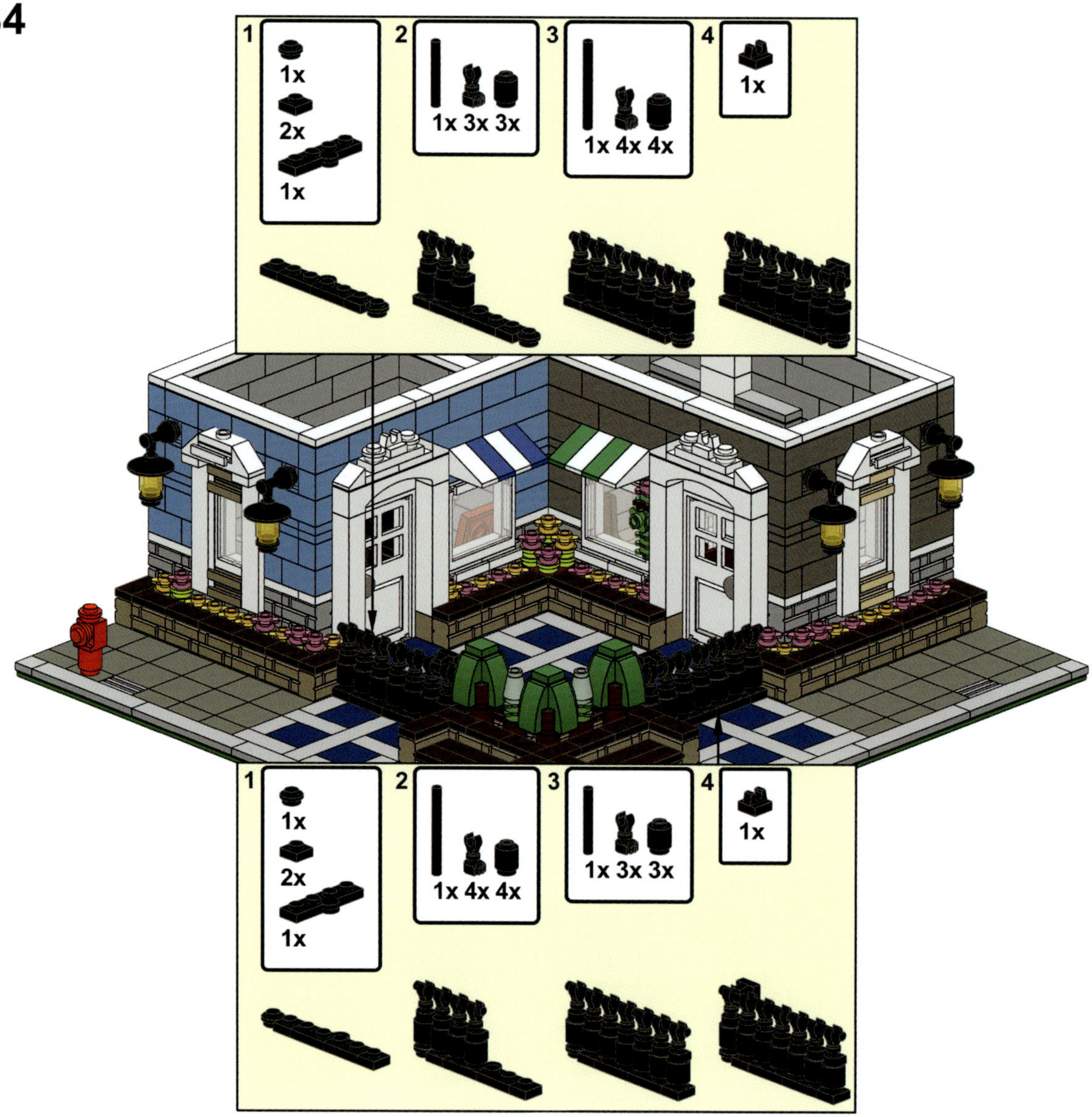

35

Erste Etage

1

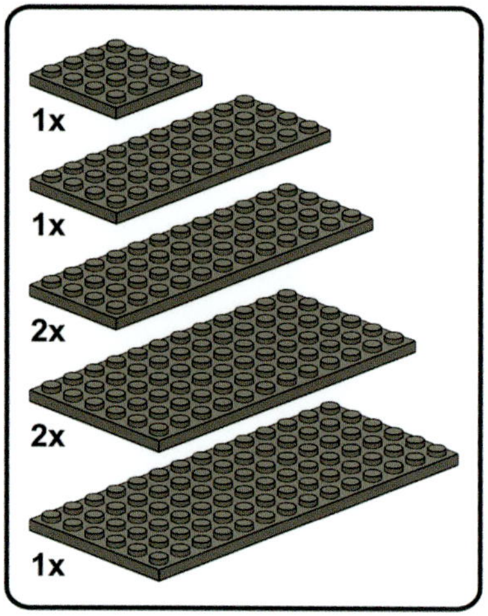

2

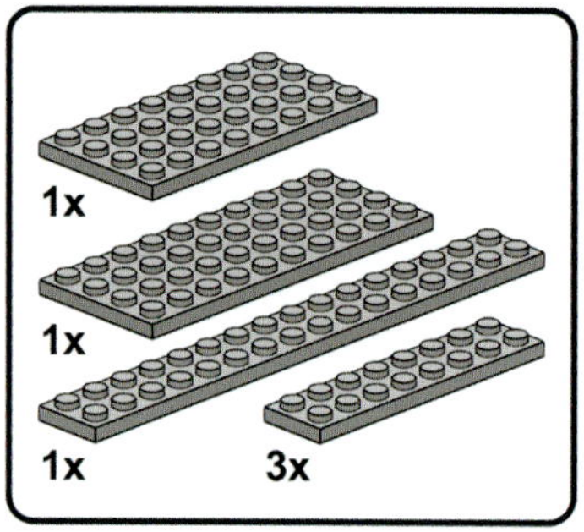

3

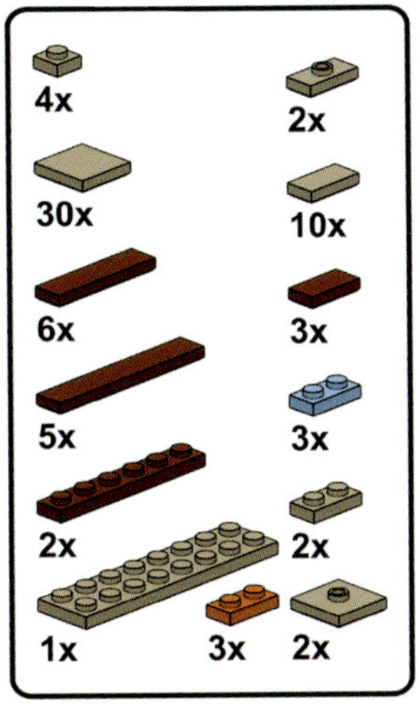
4x
2x
30x
10x
6x
3x
5x
3x
2x
2x
1x
3x
2x

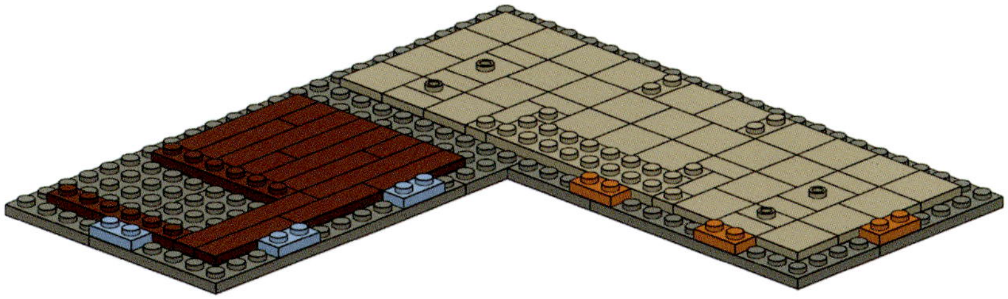

4

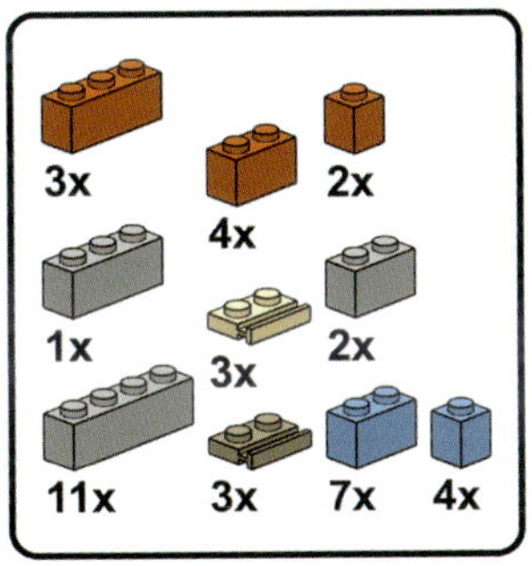
3x
4x
2x
1x
3x
2x
11x
3x
7x
4x

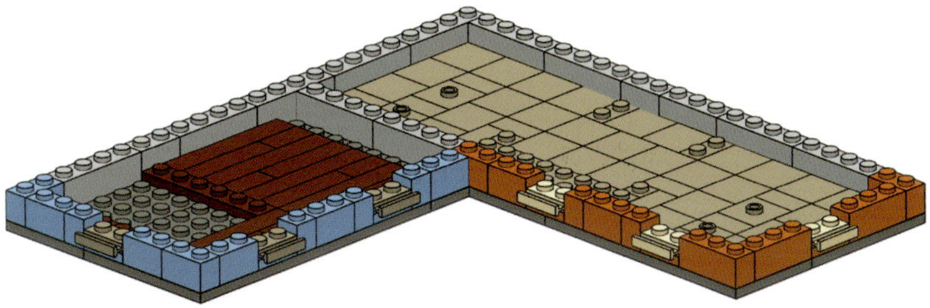

5

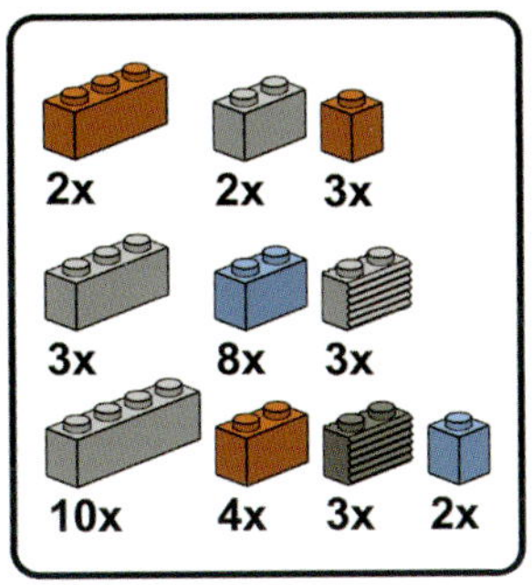
2x
2x
3x
3x
8x
3x
10x
4x
3x
2x

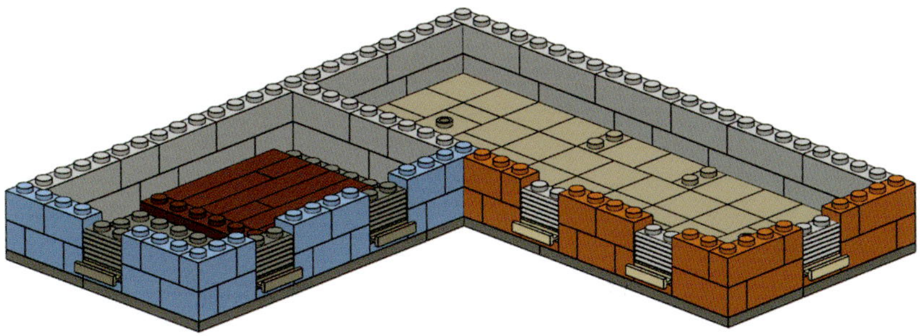

6

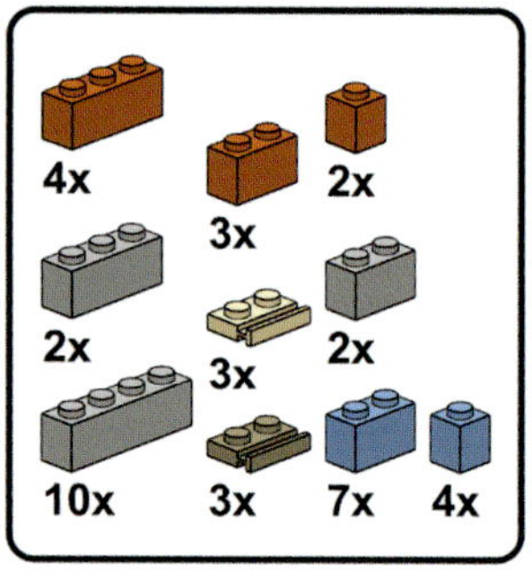
4x
3x
2x
2x
3x
2x
10x
3x
7x
4x

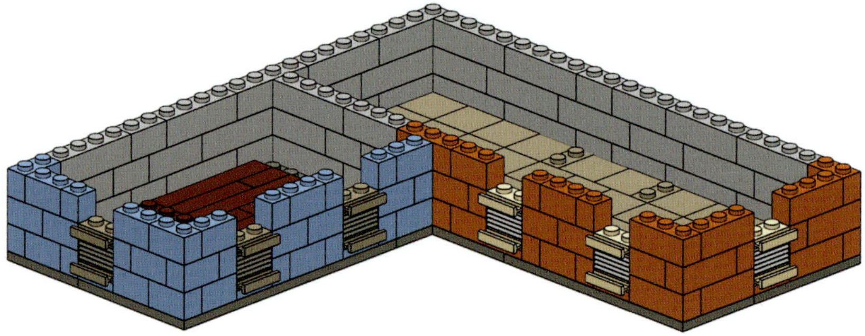

7

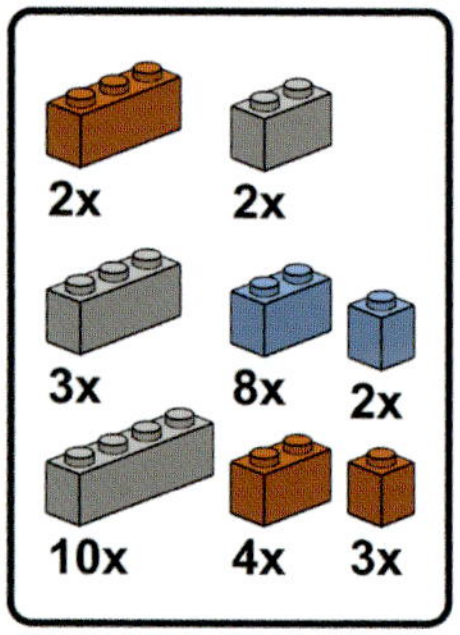
2x
2x
3x
8x
2x
10x
4x
3x

8

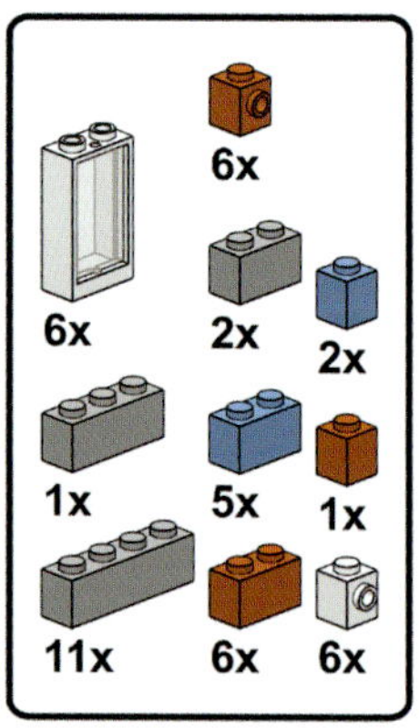
6x
6x
2x
2x
1x
5x
1x
11x
6x
6x

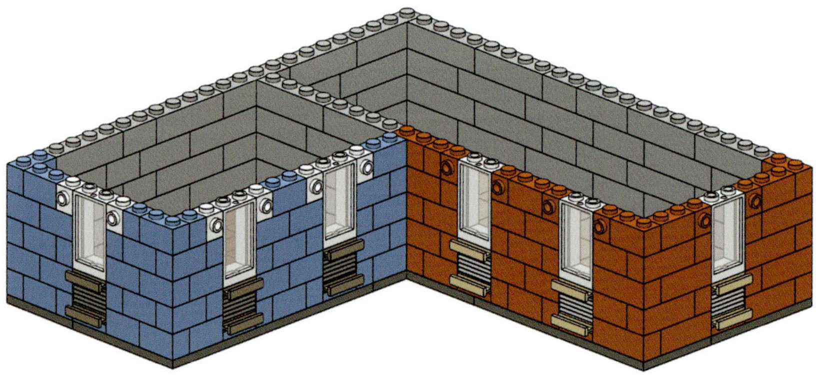

9

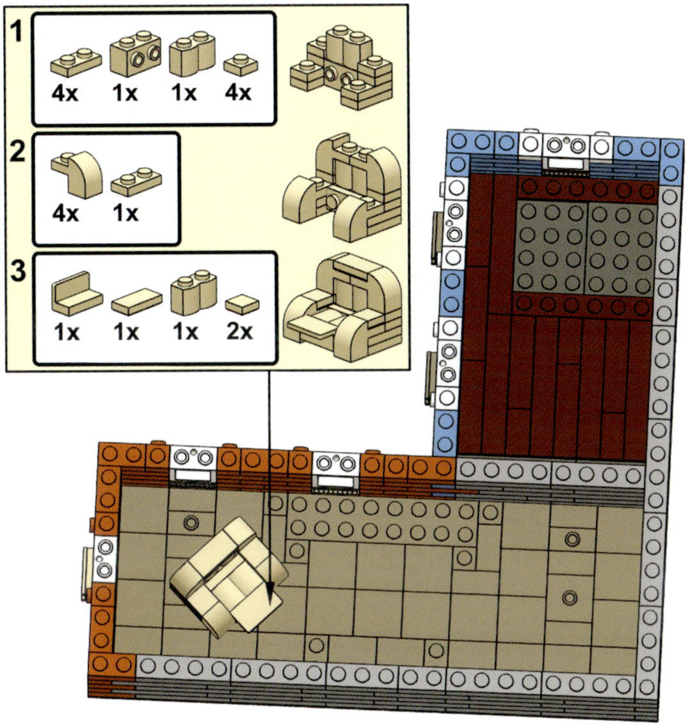

10

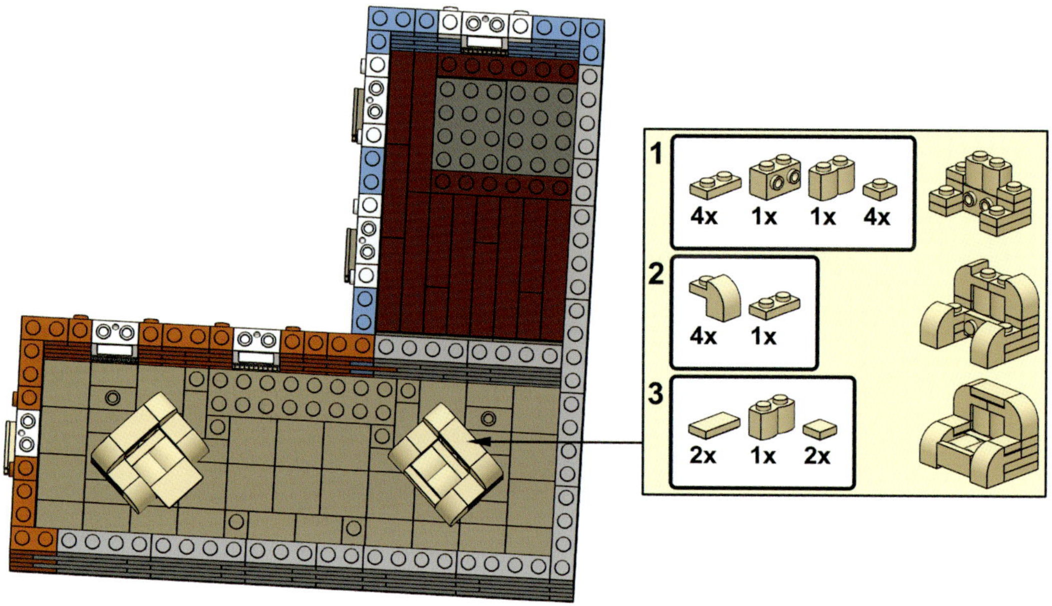

11

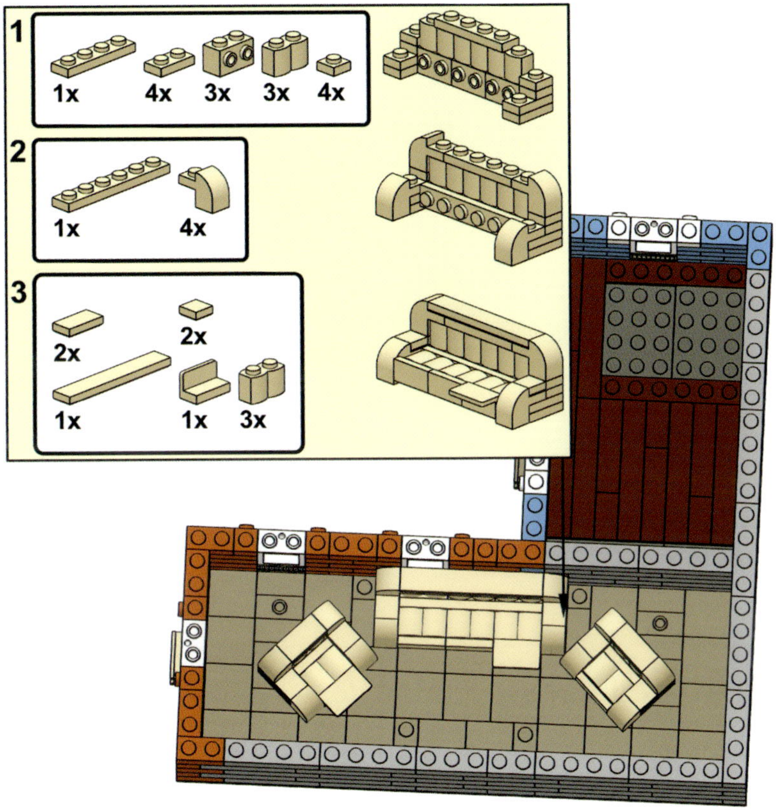

12

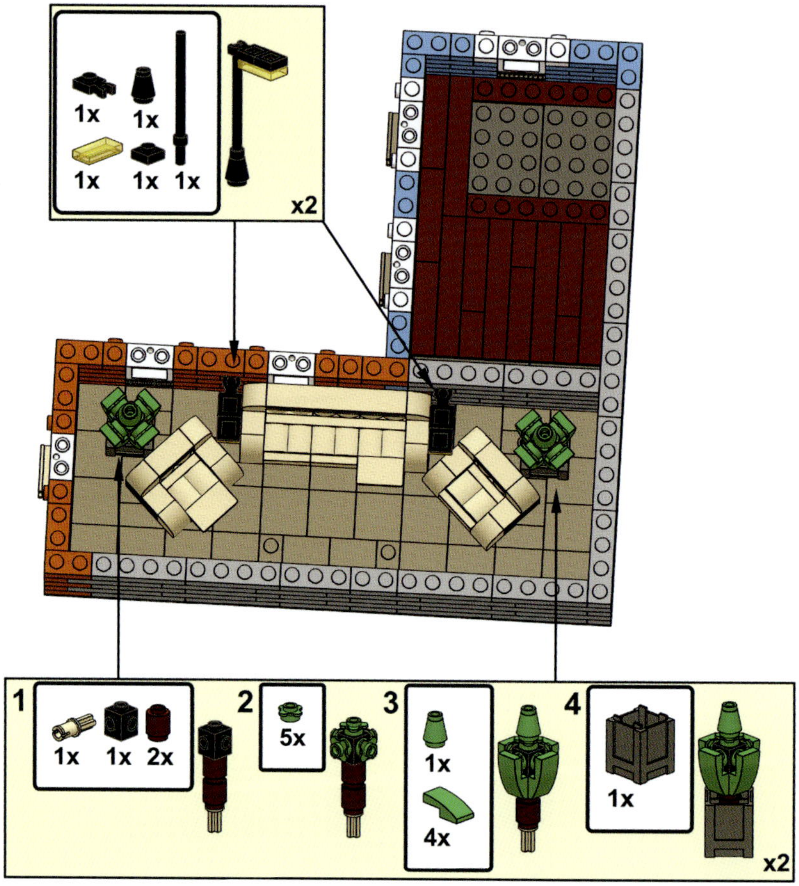

13

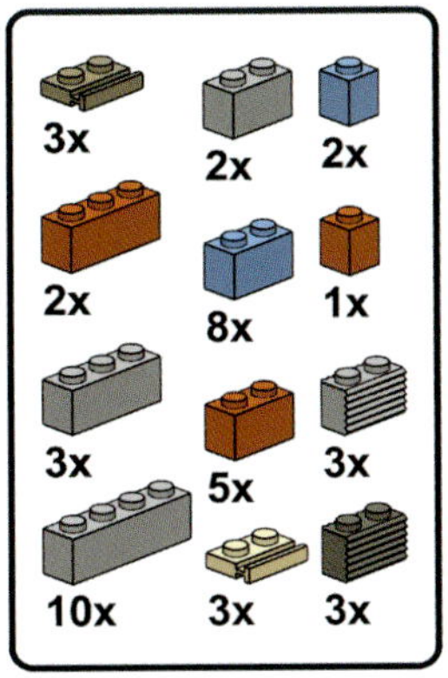
3x
2x
2x
2x
8x
1x
3x
5x
3x
10x
3x
3x

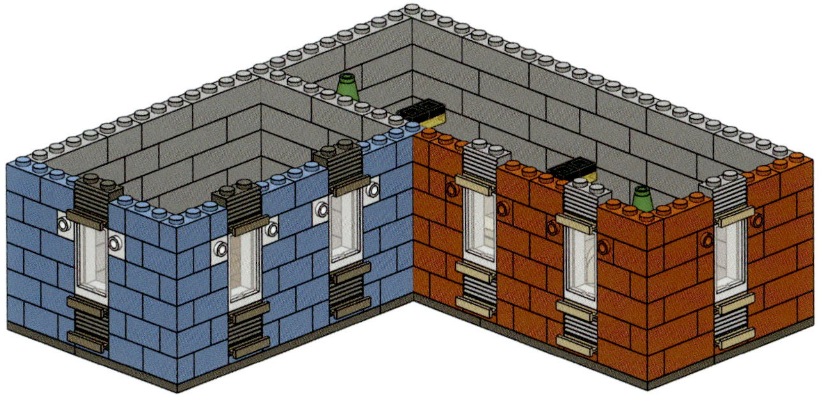

14

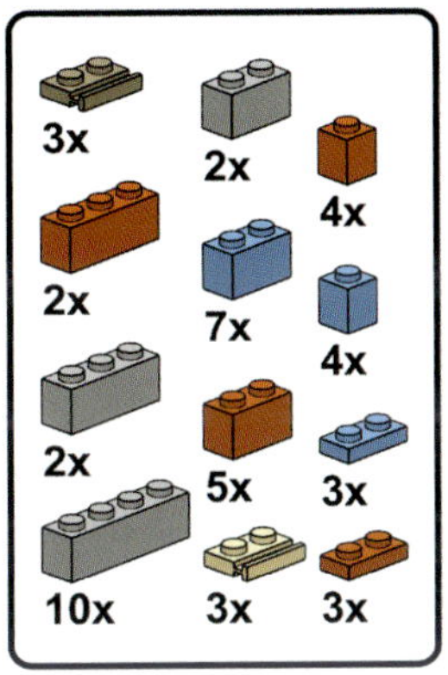
3x
2x
4x
2x
7x
4x
2x
5x
3x
10x
3x
3x

15

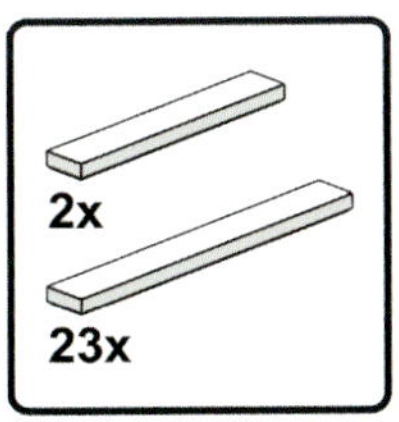
2x
23x

16

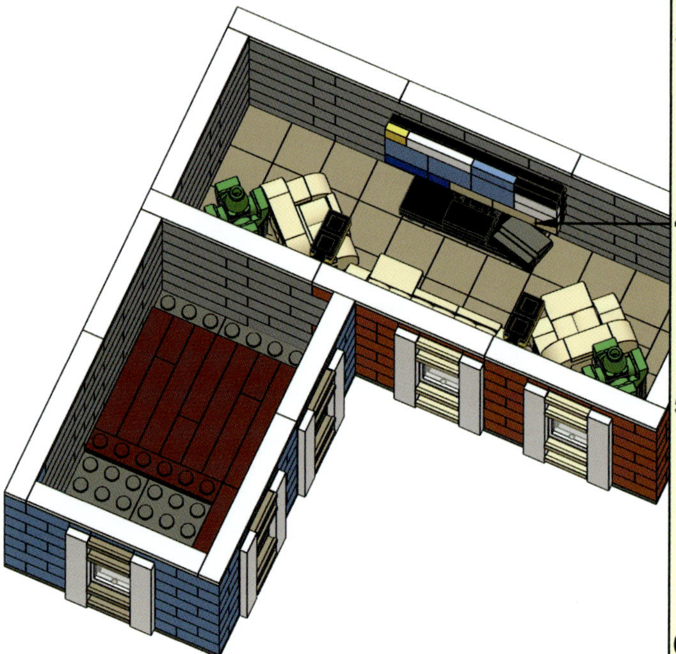

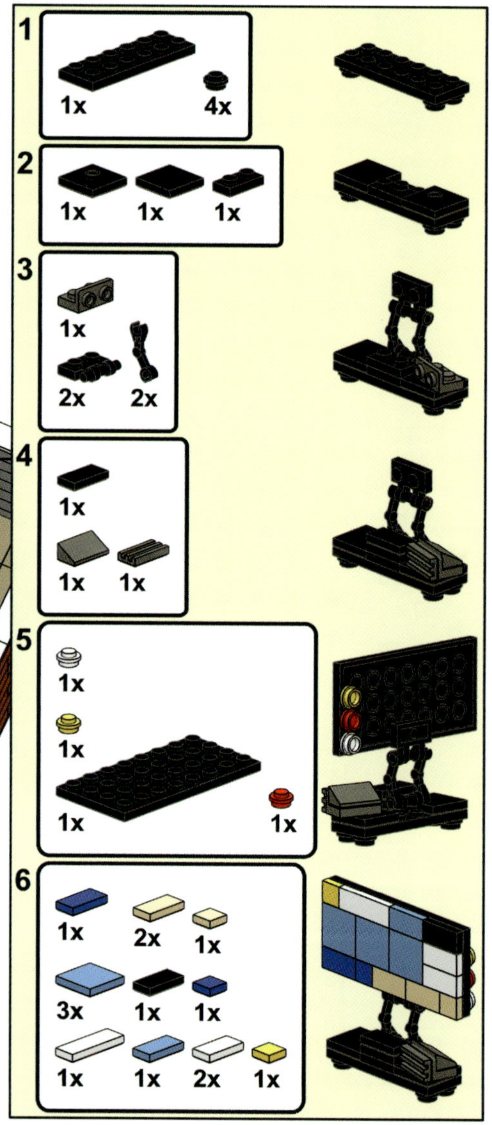
1
1x
4x
2
1x
1x
1x
3
1x
2x
2x
4
1x
1x
1x
5
1x
1x
1x
1x
6
1x
2x
1x
3x
1x
1x
1x
1x
2x
1x

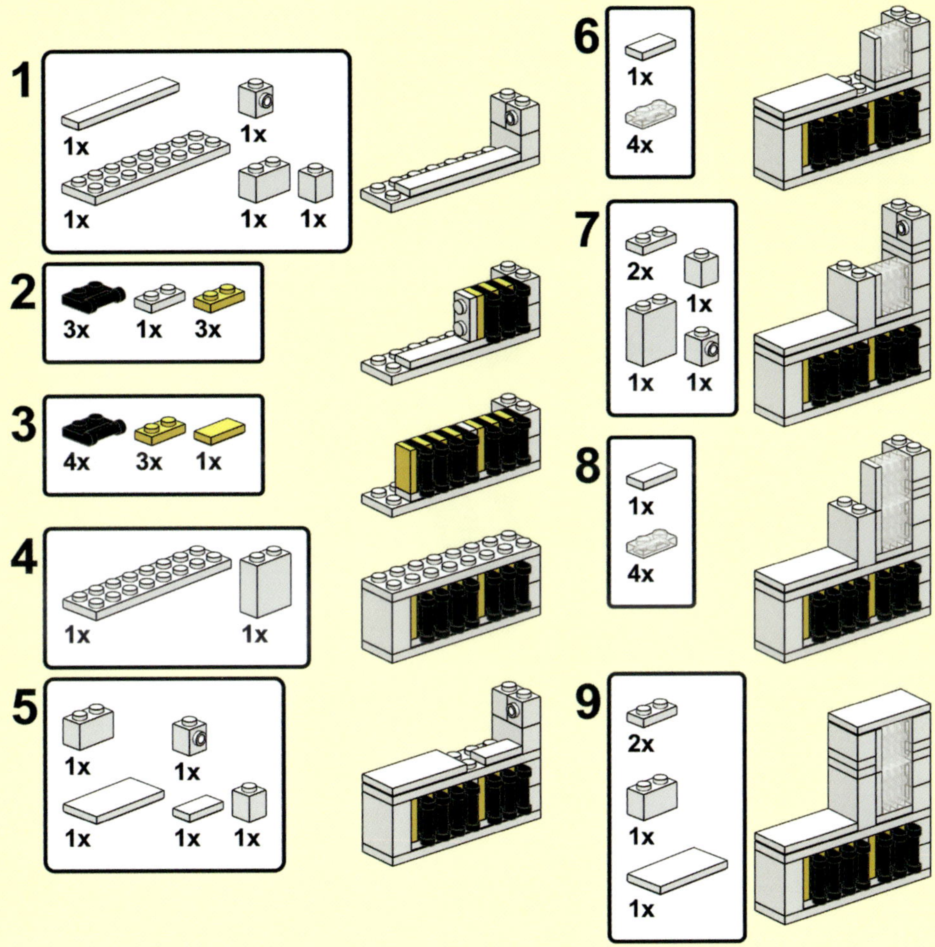
1
1x
1x
1x
1x
1x
2
3x
1x
3x
3
4x
3x
1x
4
1x
1x
5
1x
1x
1x
1x
1x
6
1x
4x
7
2x
1x
1x
1x
8
1x
4x
9
2x
1x
1x

17

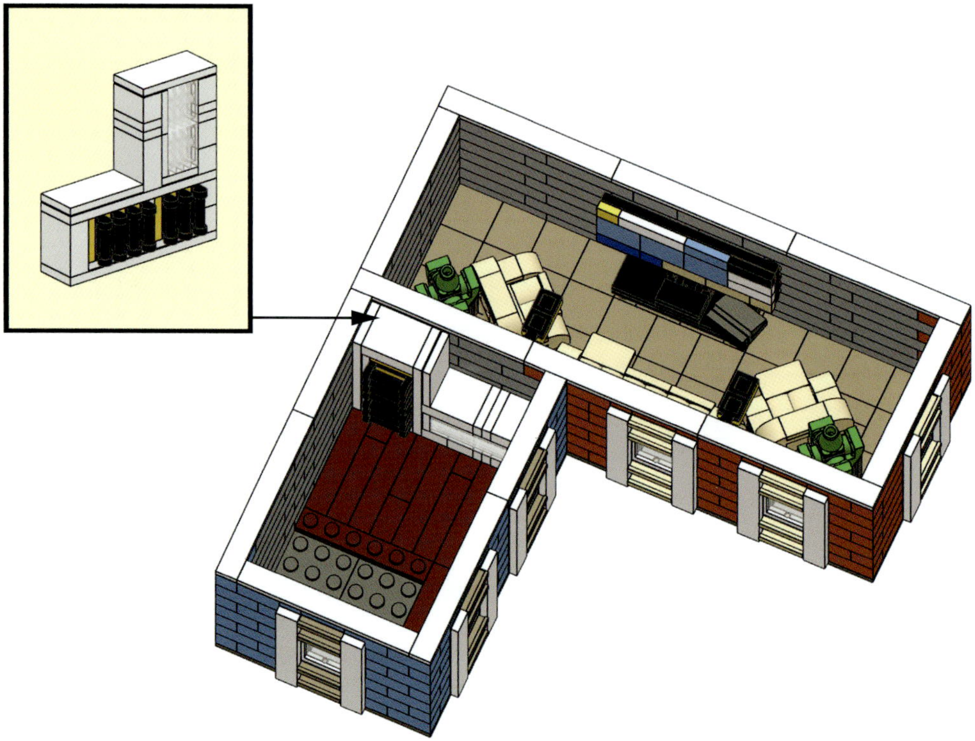

1

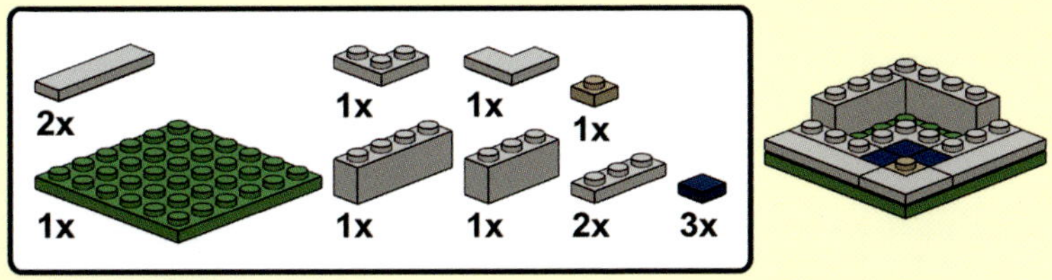
2x
1x
1x
1x
1x
1x
1x
2x
3x

2

2x
1x
4x
1x
1x
2x

3

1x
2x
2x
1x
1x
2x
1x

4

2x
2x

5

2x
2x
4x

6

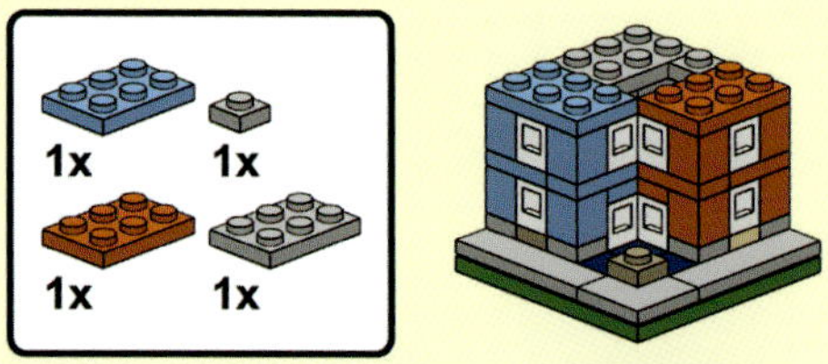

7

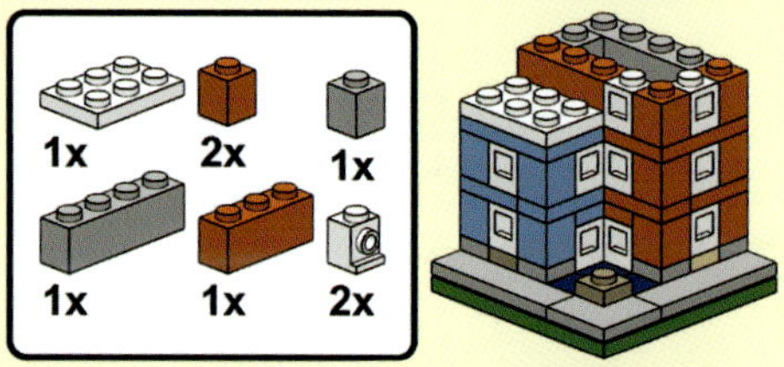

8

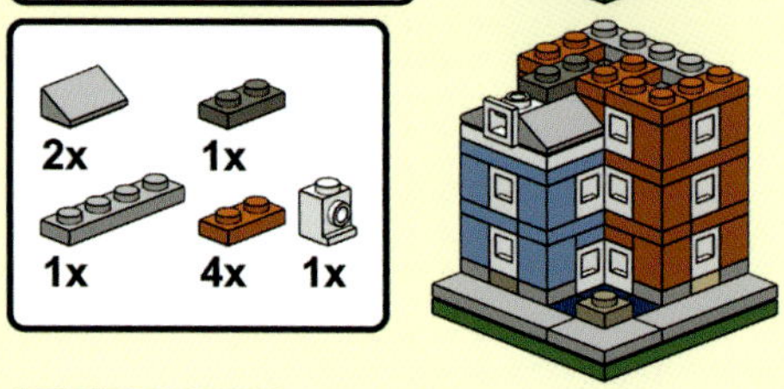

9

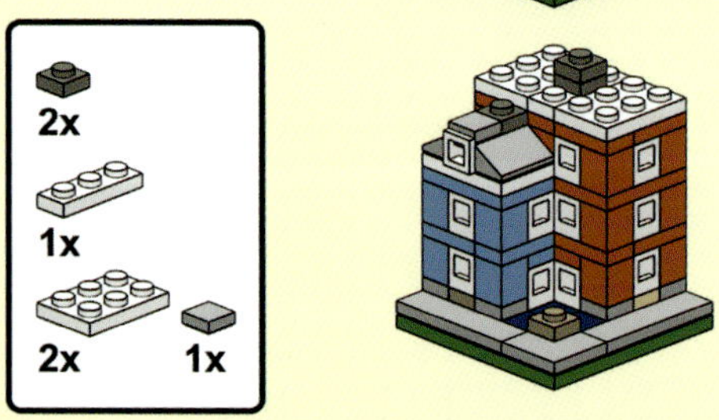

10

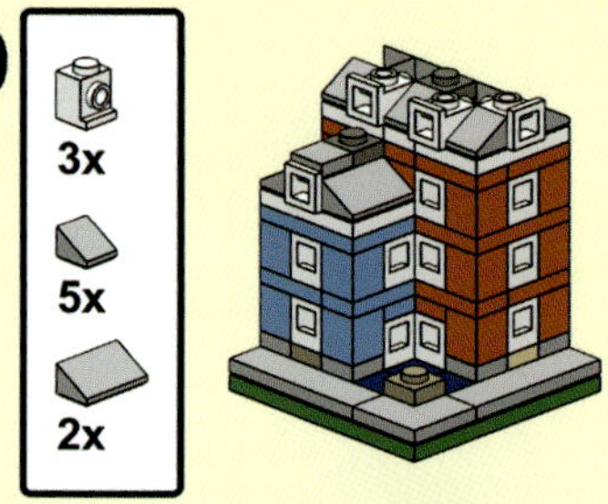

11

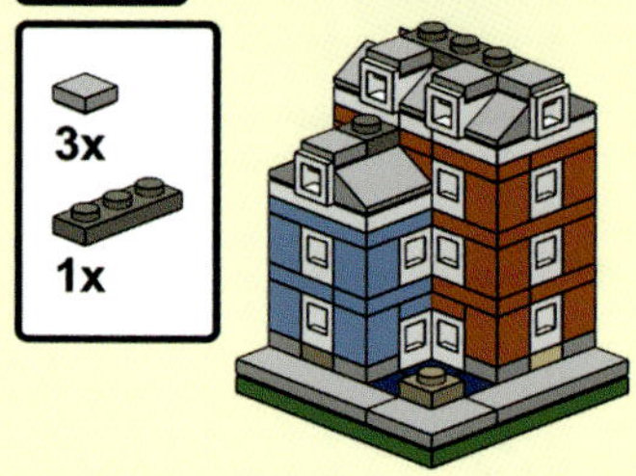

18

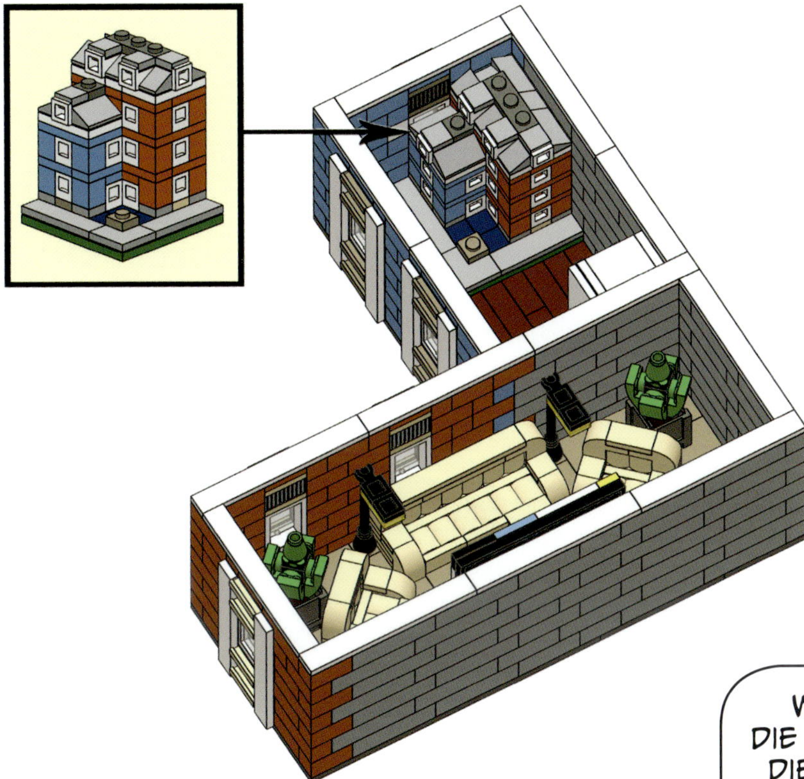

Zweite Etage

1

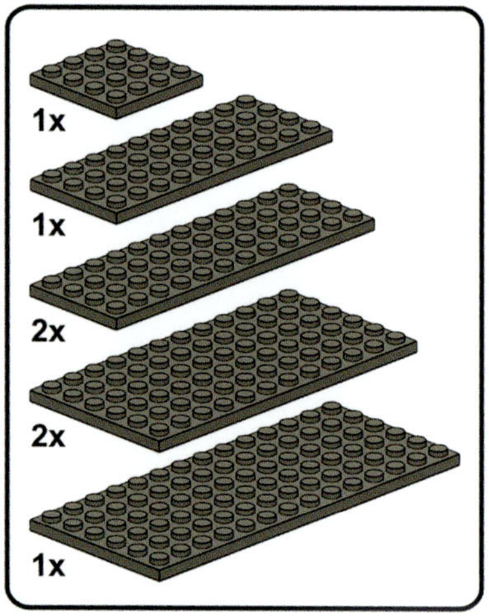

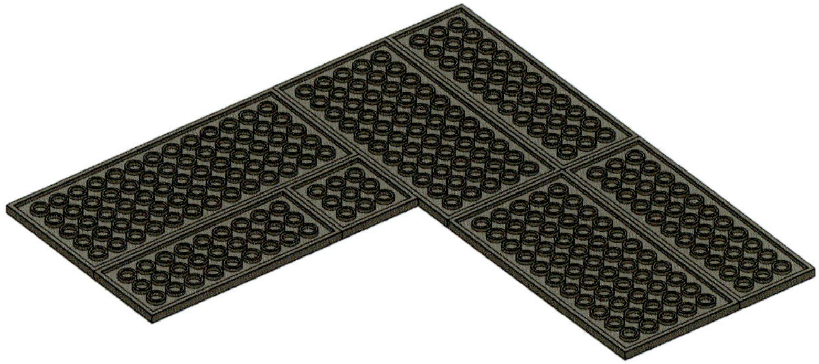

2

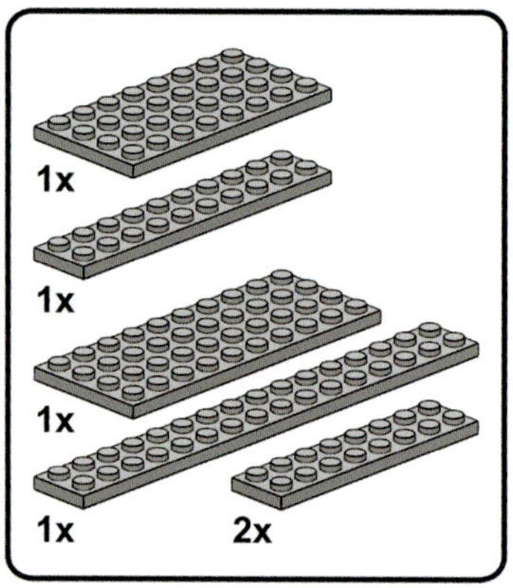

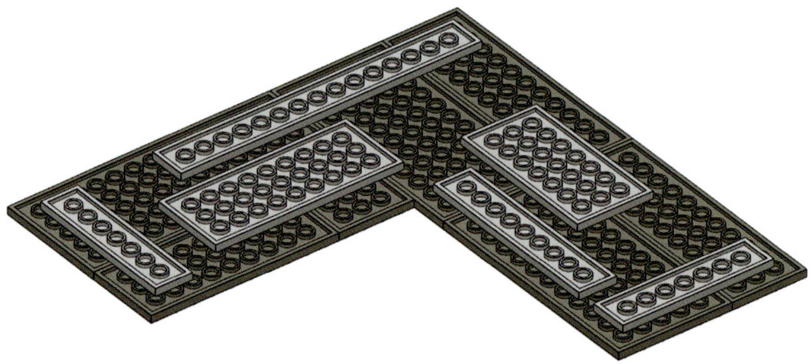

3

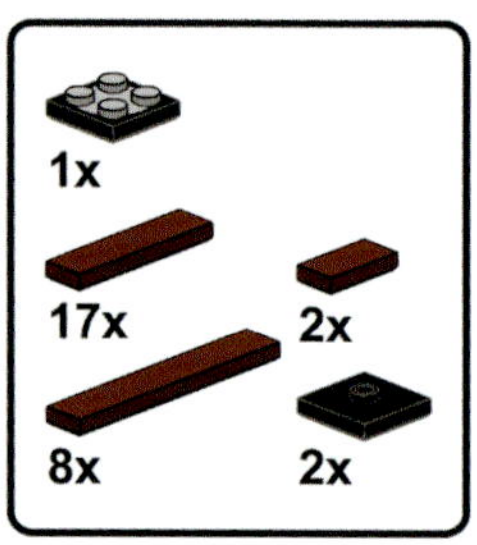

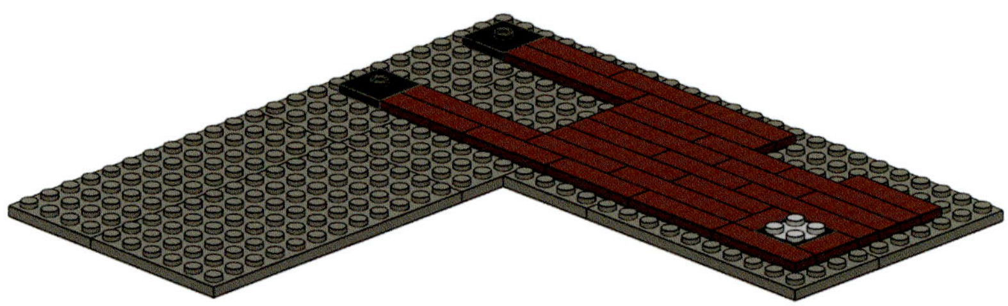

4

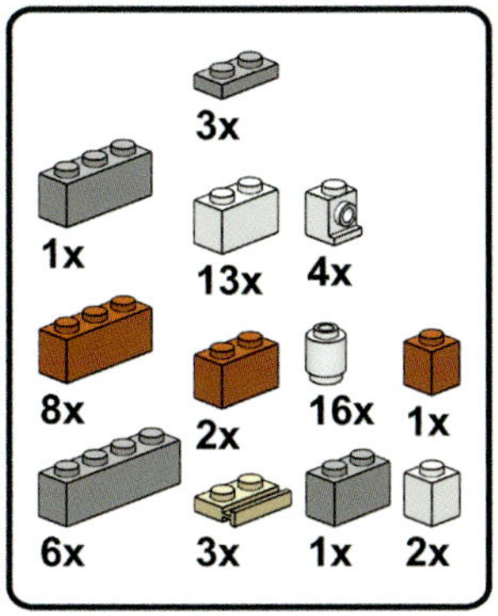
3x
1x
13x
4x
8x
2x
16x
1x
6x
3x
1x
2x

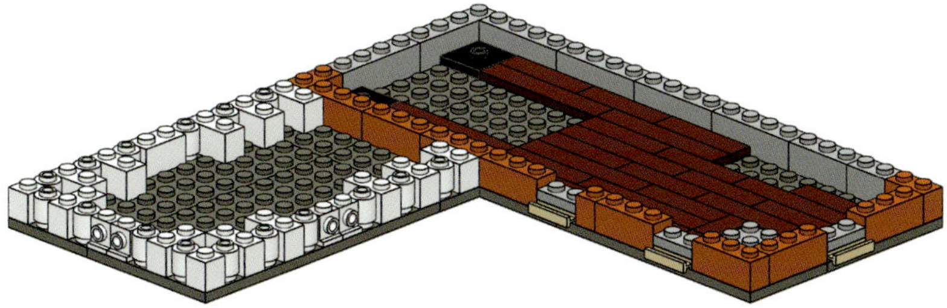

5

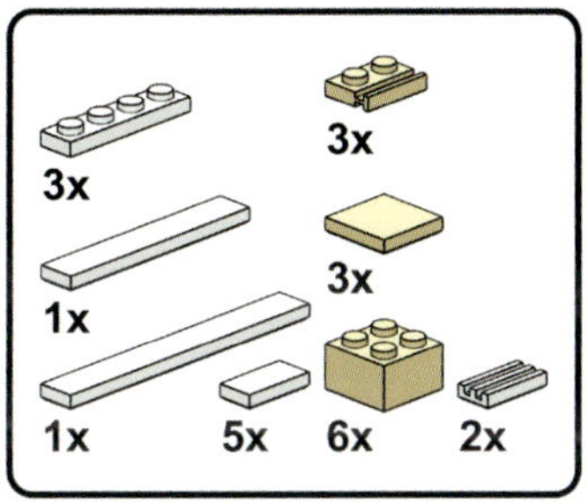
3x
3x
3x
1x
1x
5x
6x
2x

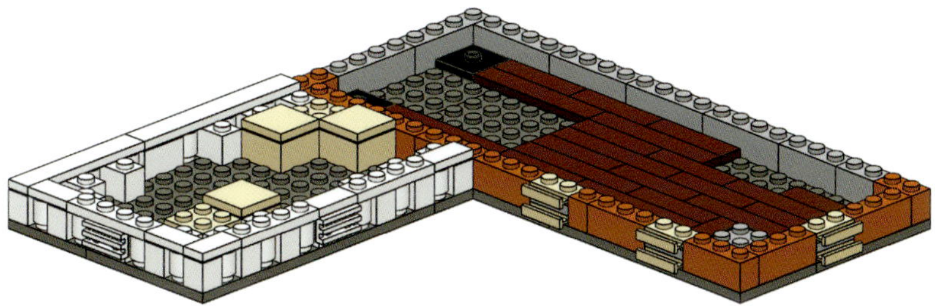

6

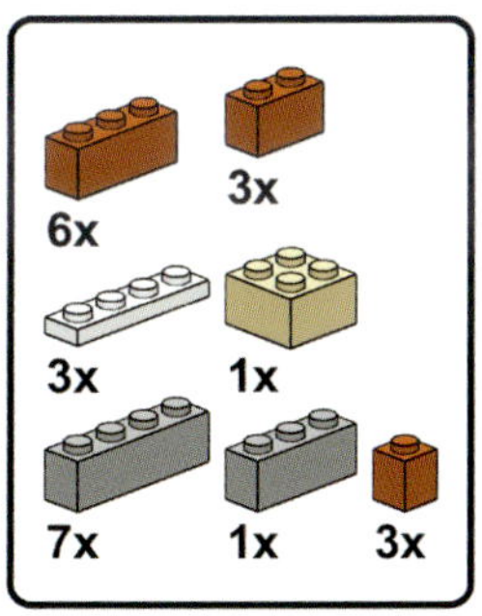
6x
3x
3x
1x
7x
1x
3x

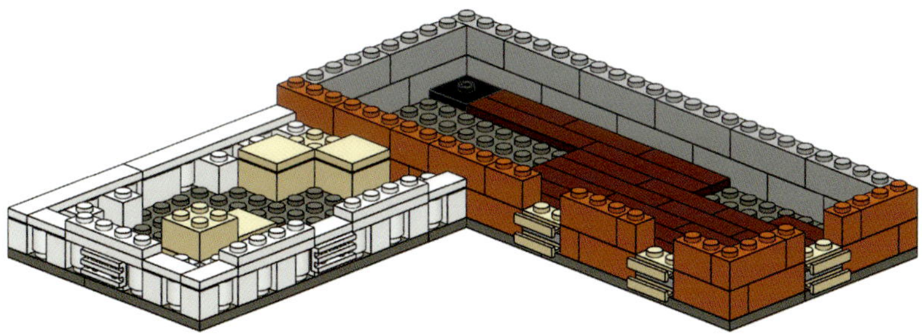

7

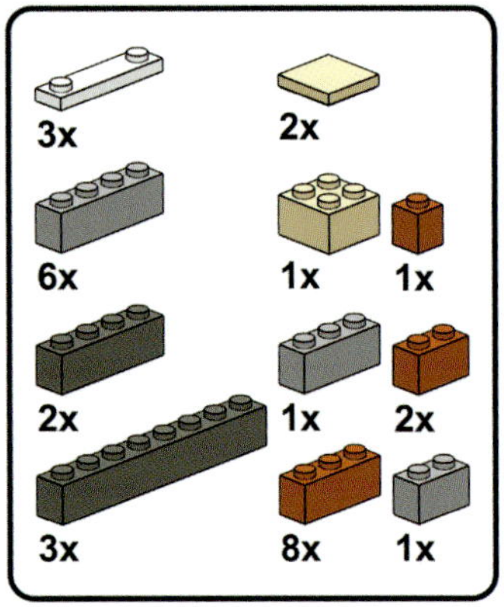
3x
2x
6x
1x
1x
2x
1x
2x
3x
8x
1x

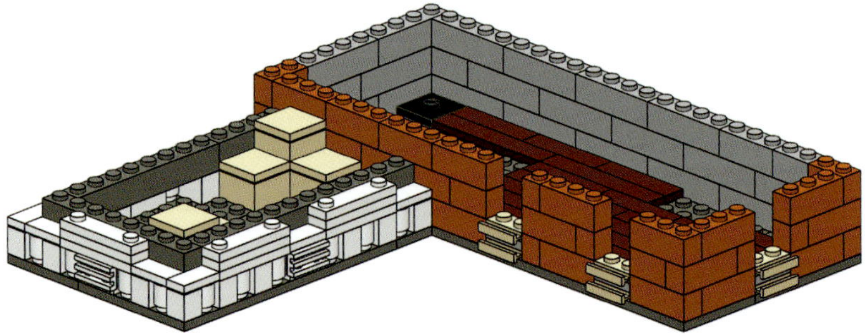

8

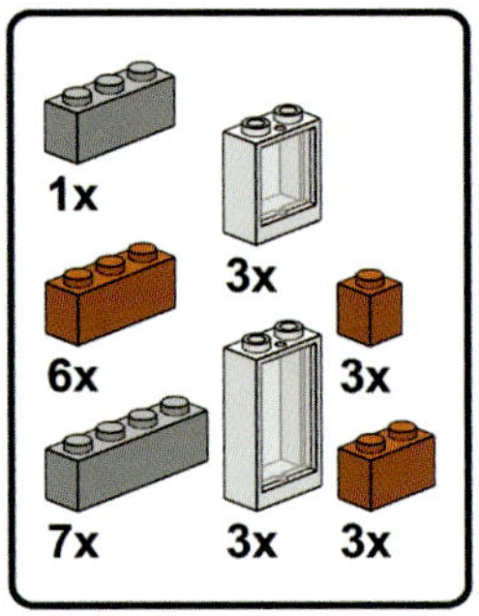
1x
3x
6x
3x
7x
3x
3x

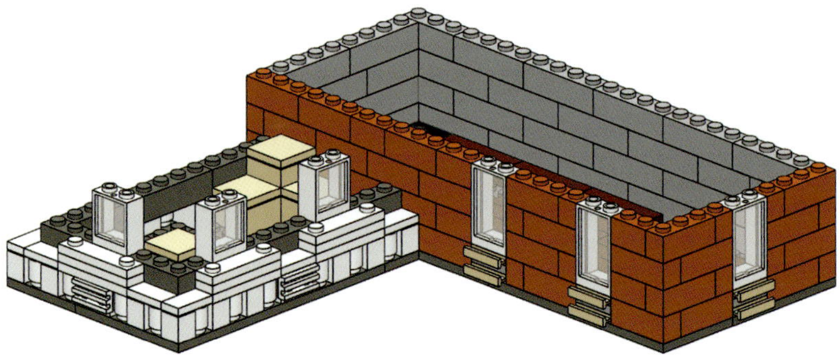

9

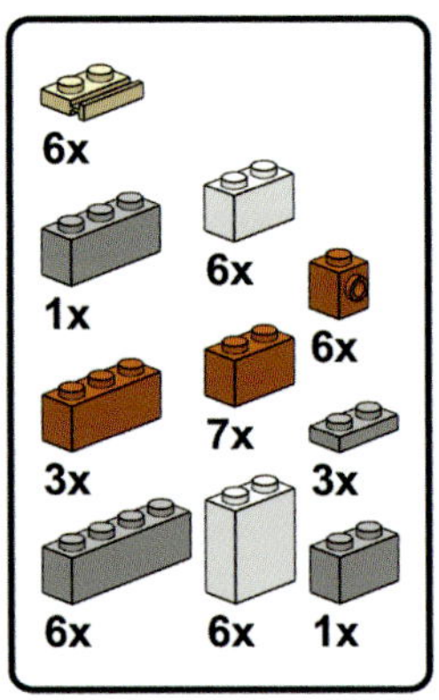
6x
6x
1x
6x
3x
7x
3x
6x
6x
1x

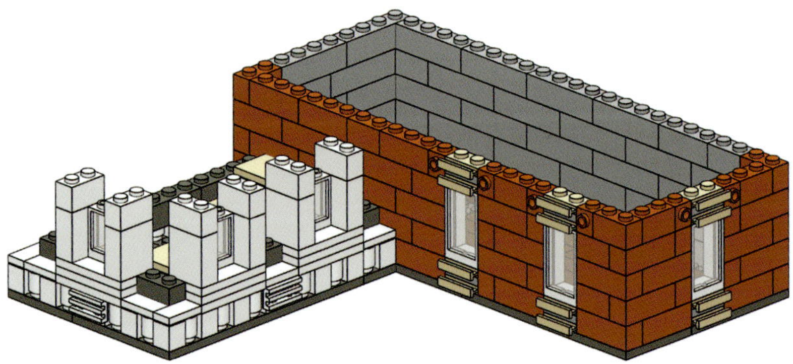

10

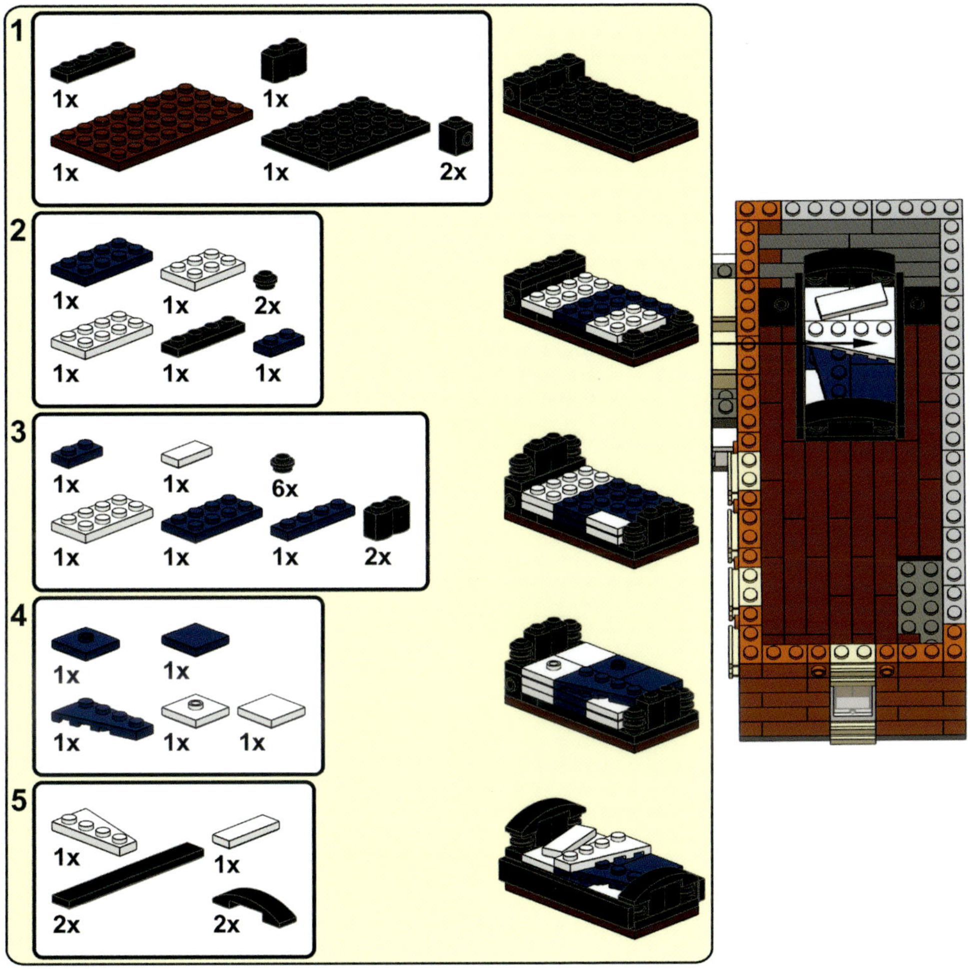
1
1x
1x
1x
1x
2x
2
1x
1x
2x
1x
1x
1x
3
1x
1x
6x
1x
1x
1x
2x
4
1x
1x
1x
1x
1x
5
1x
1x
2x
2x

11

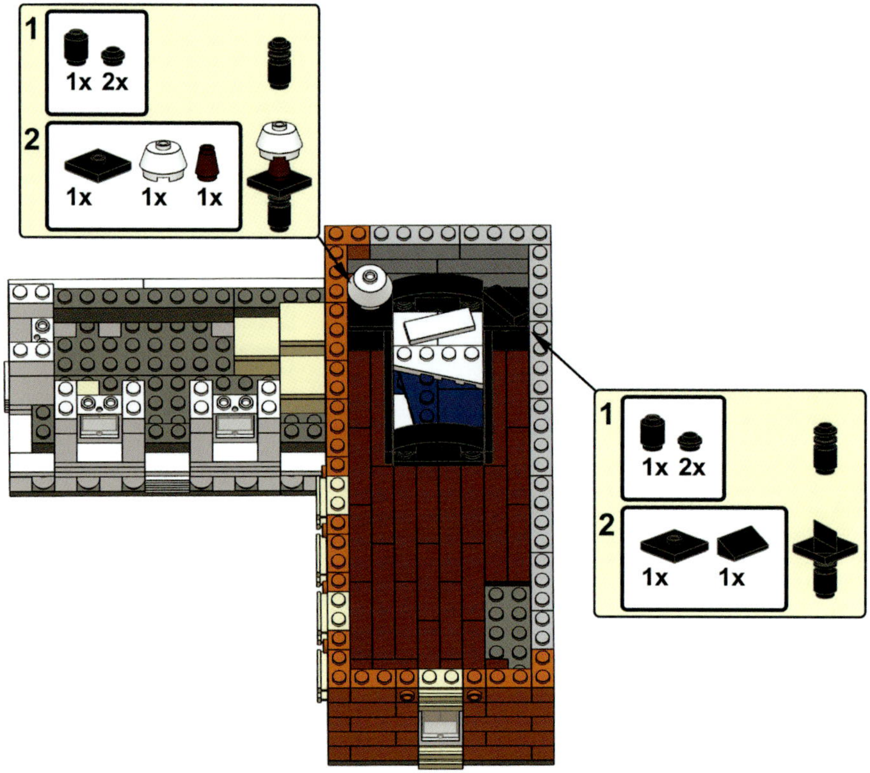

12

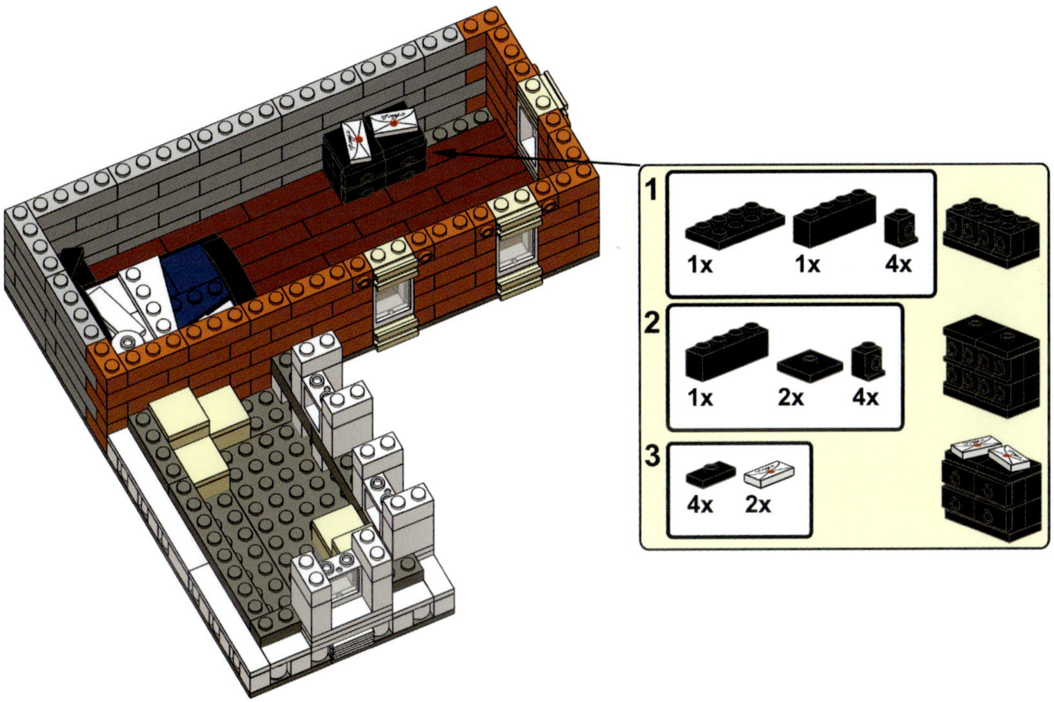

13

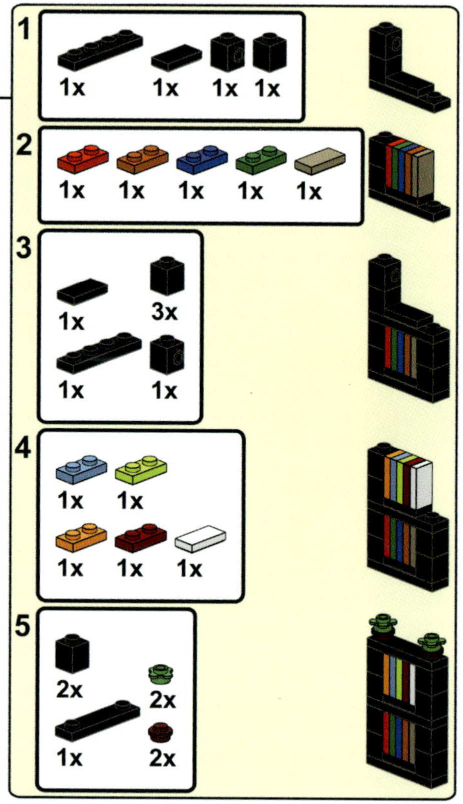

14

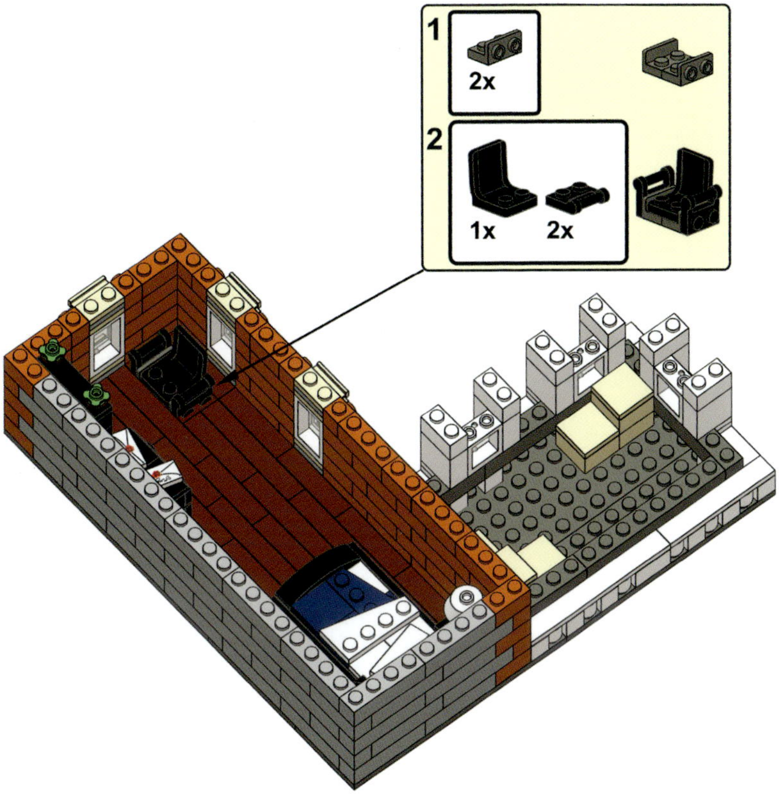

15

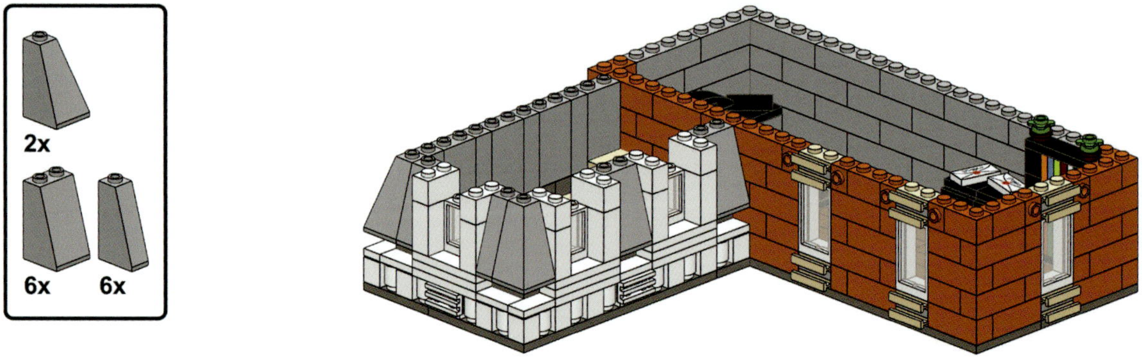

16

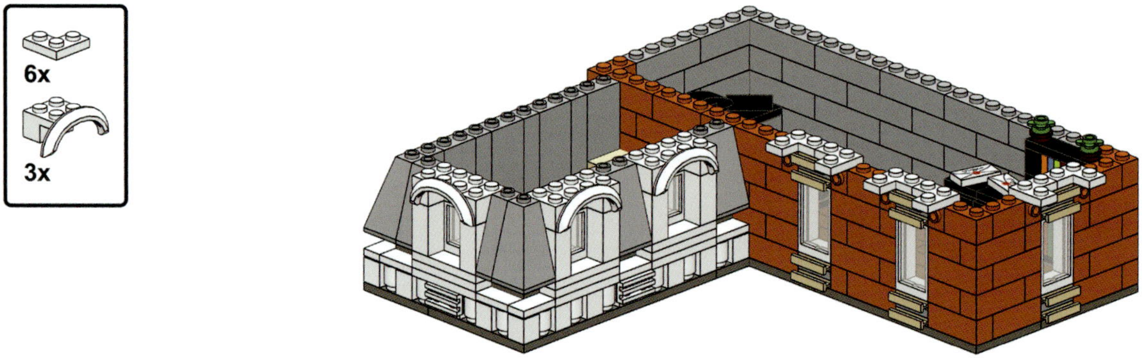

17

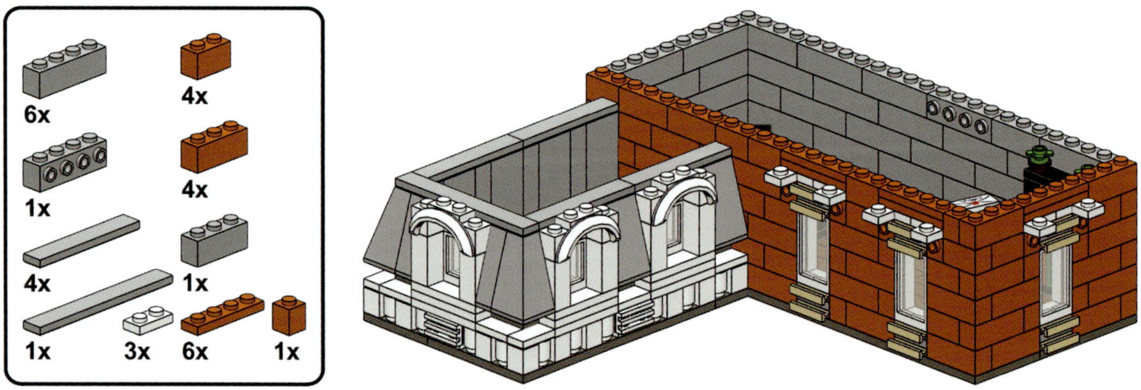

18

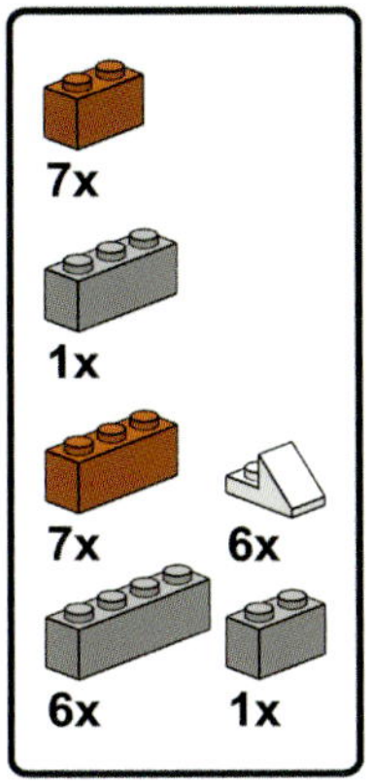

19

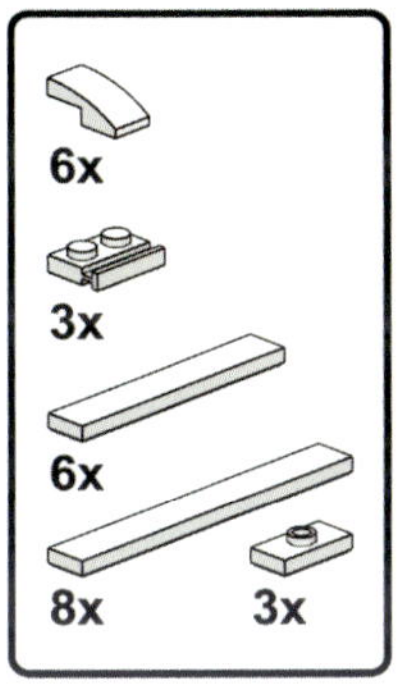

20

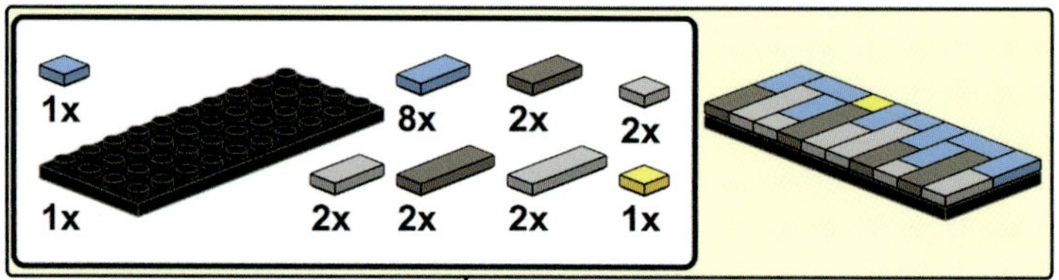

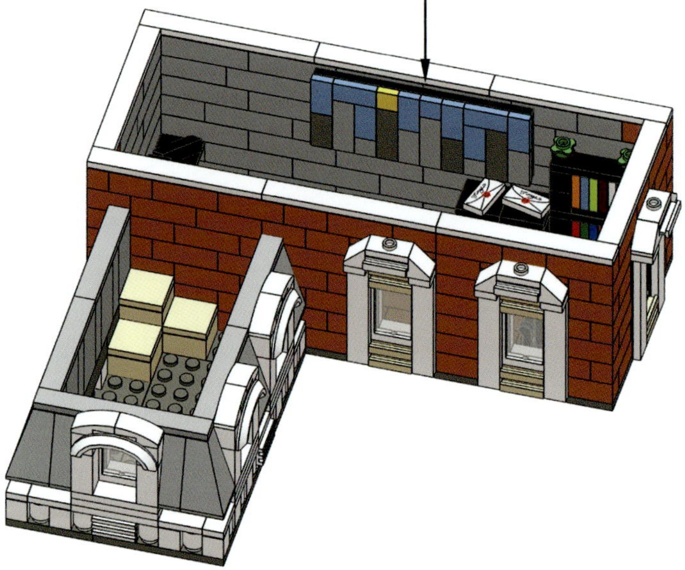

Mansarde

1

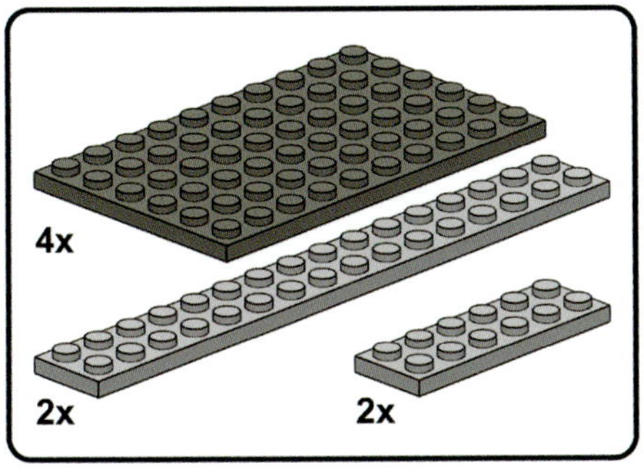

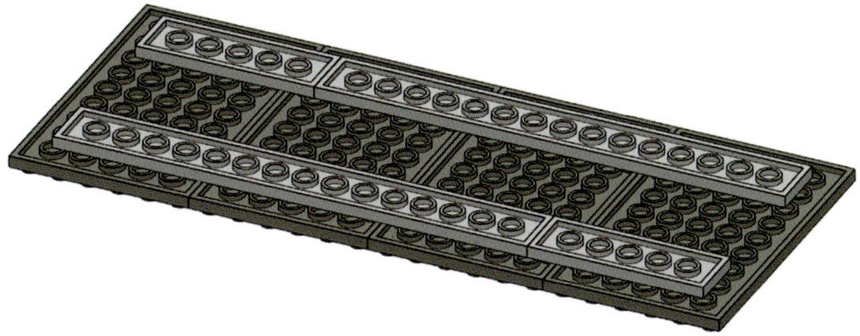

2

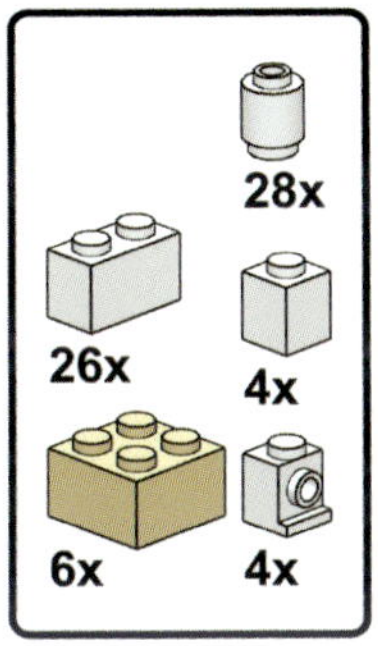

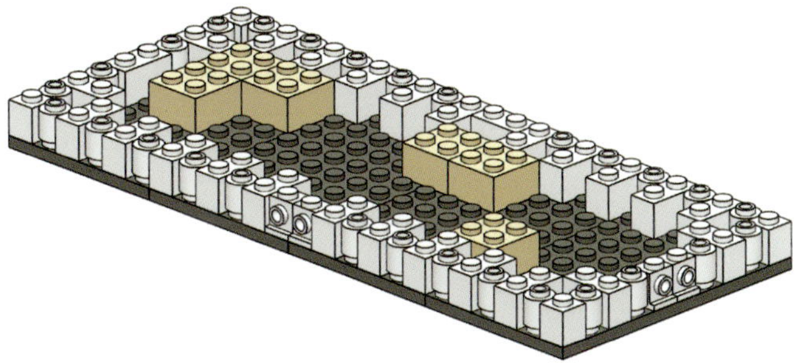

3

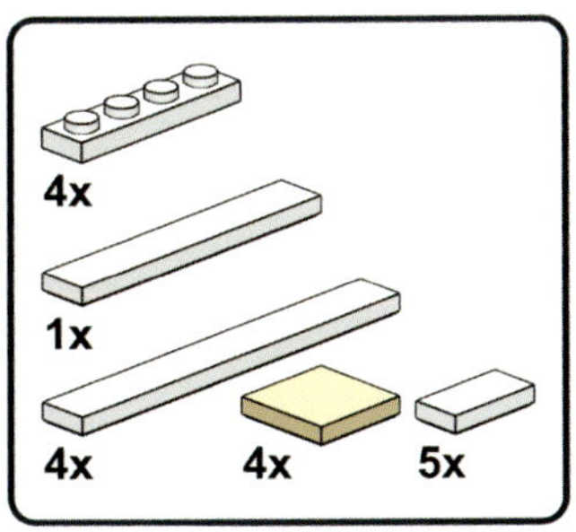

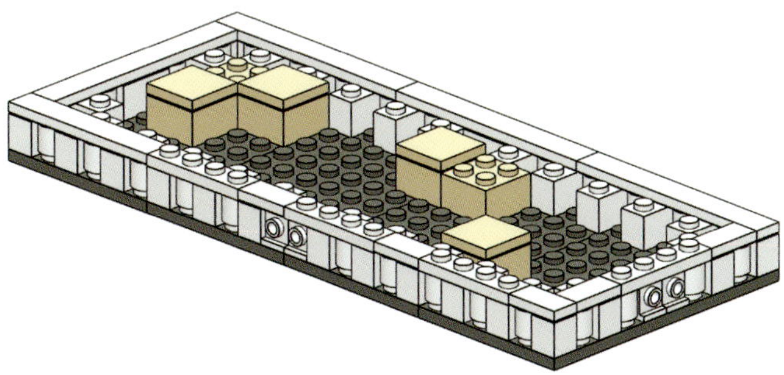

4

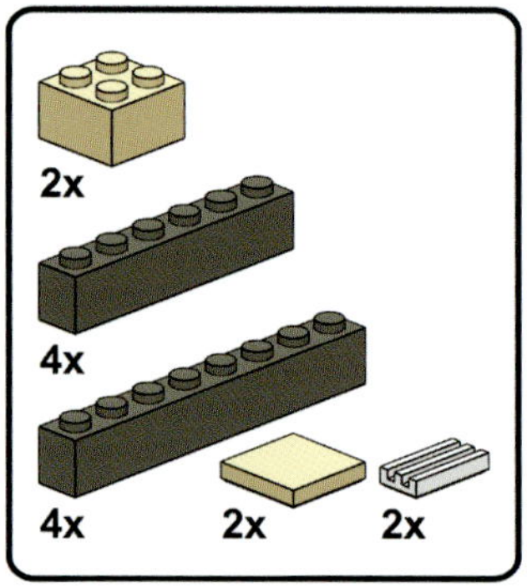

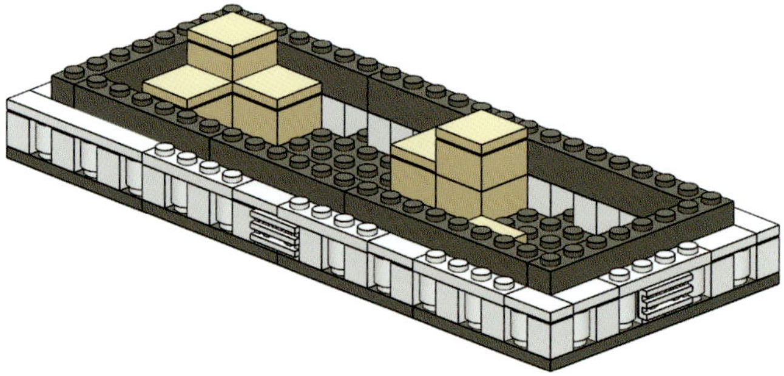

5

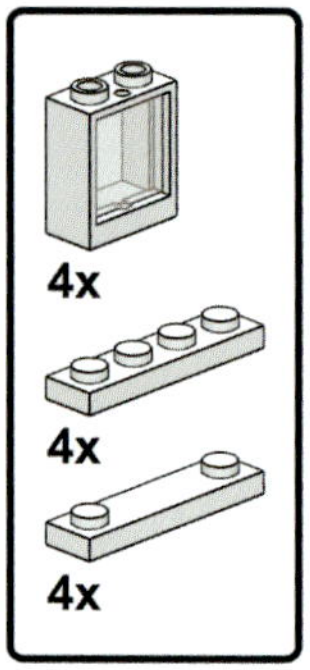

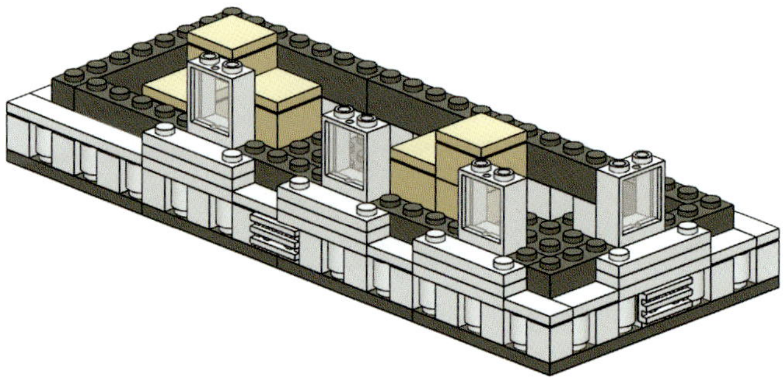

6

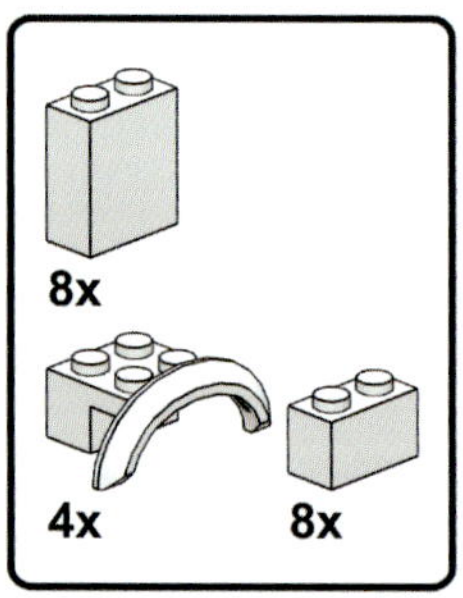

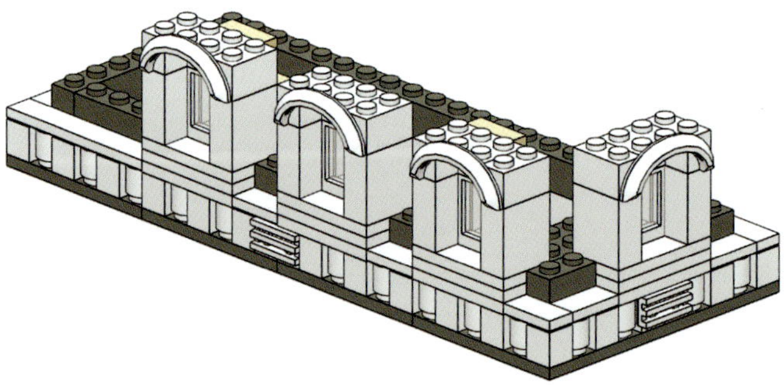

7

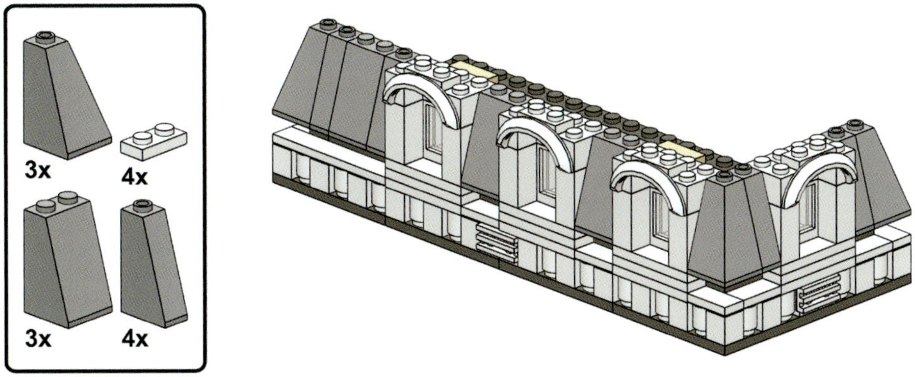

8

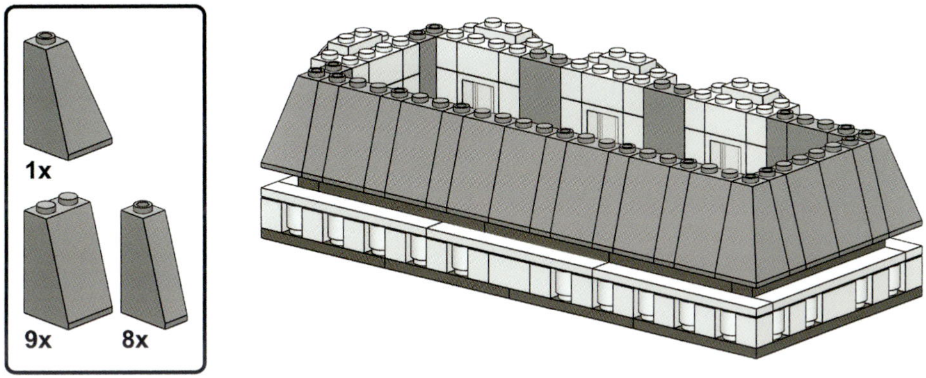

9

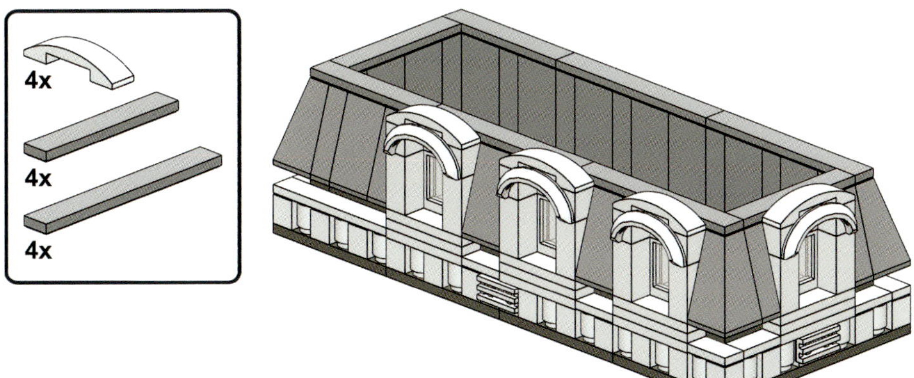

Dach des orangefarbenen Hauses

1

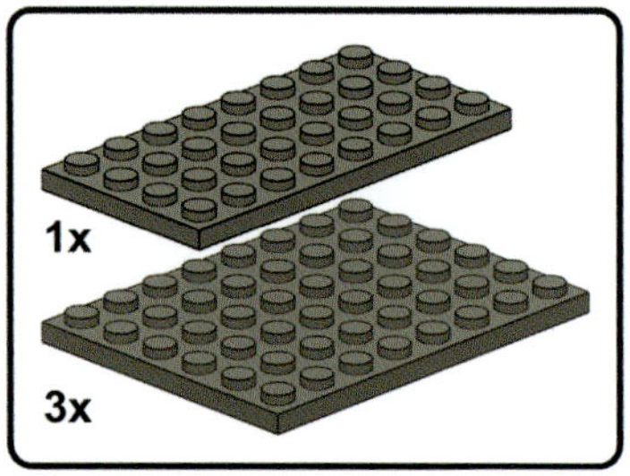

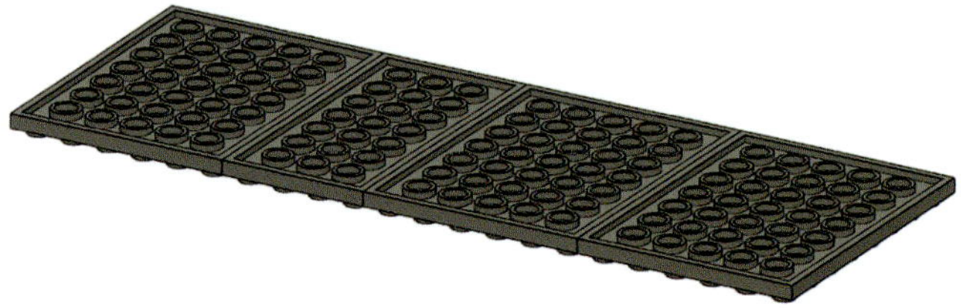

2

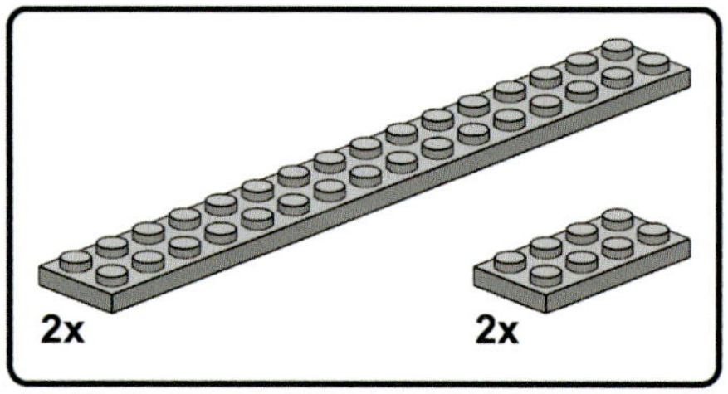

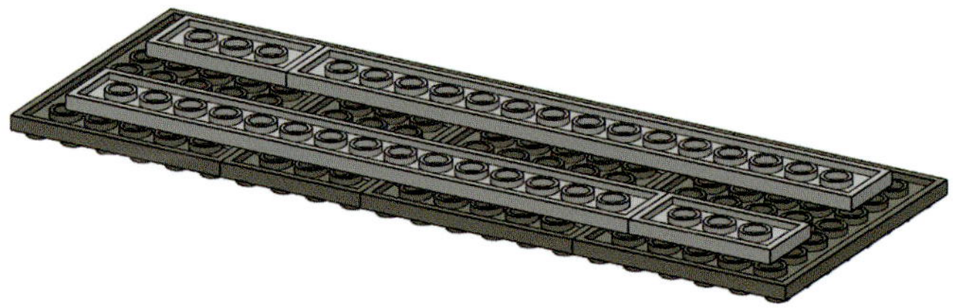

3

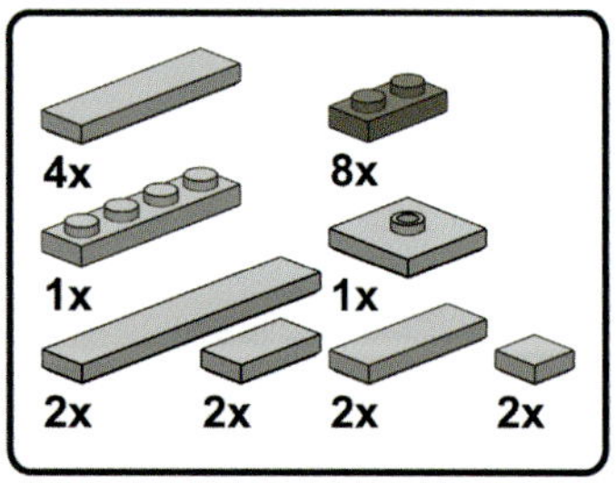

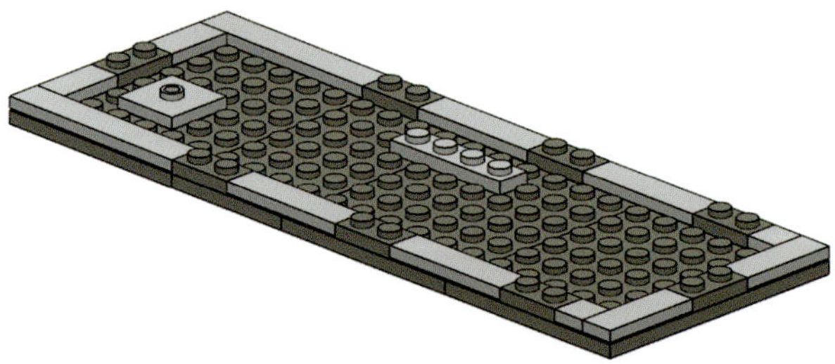

4

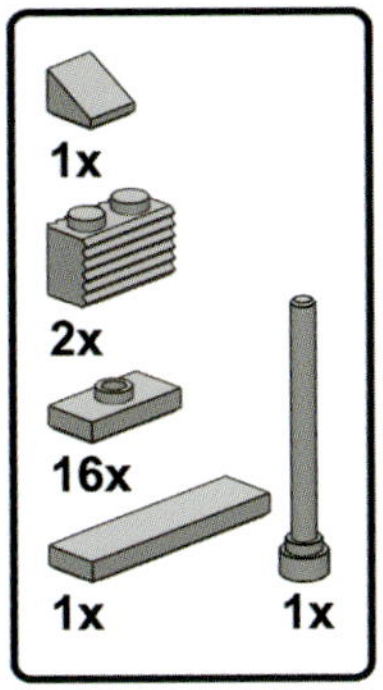

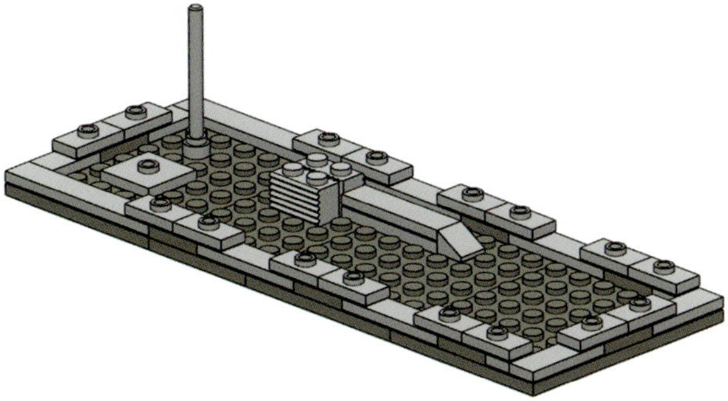

5

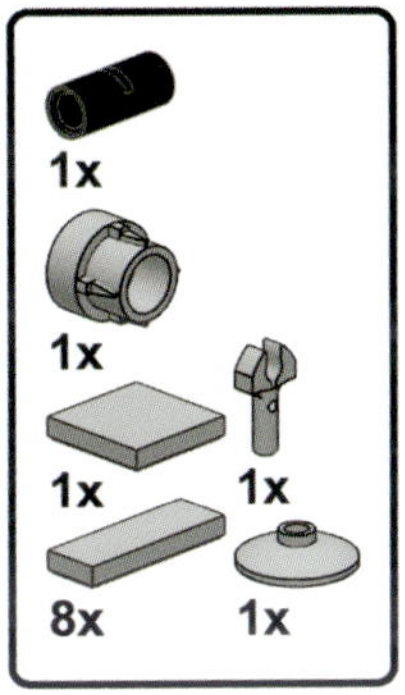

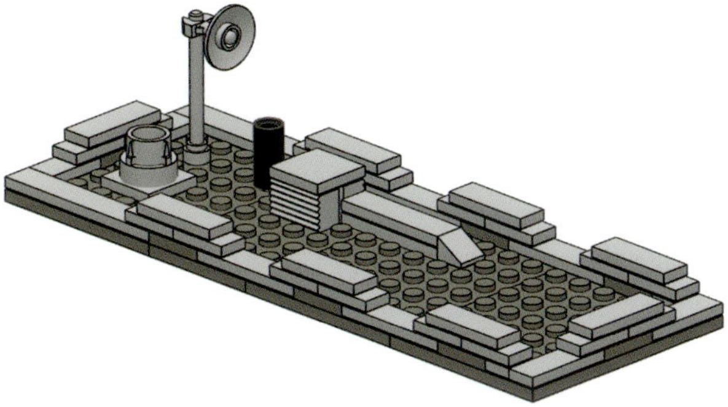

Dach des blauen Hauses

1

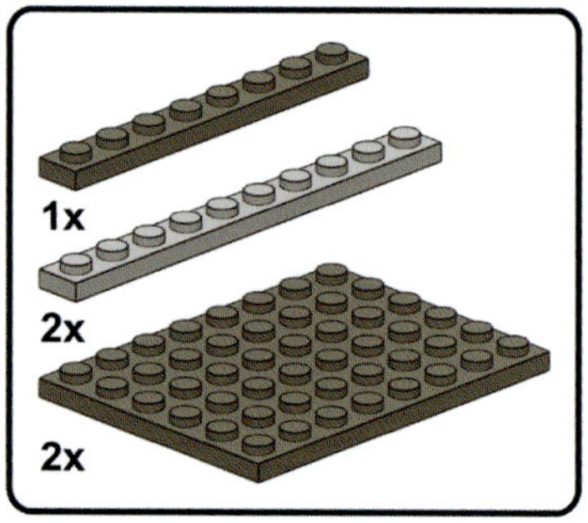

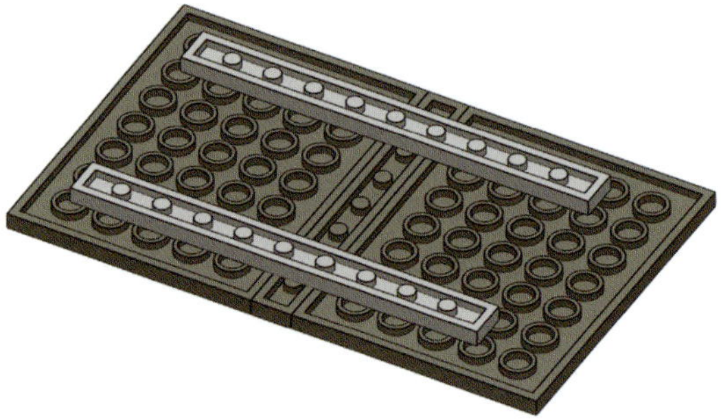

2

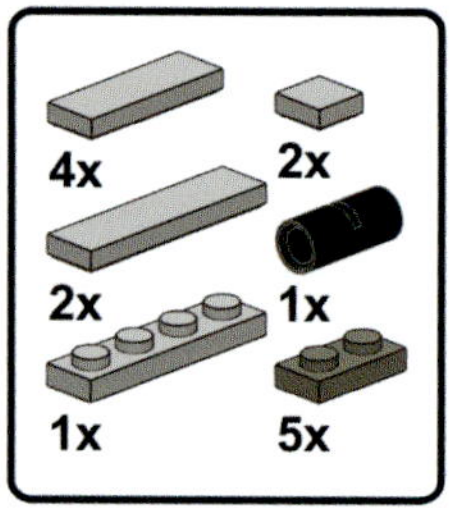

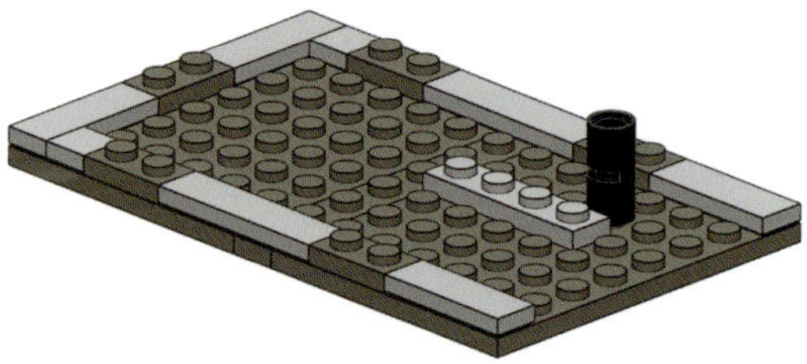

3

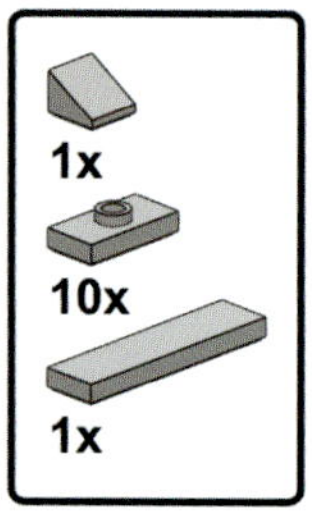

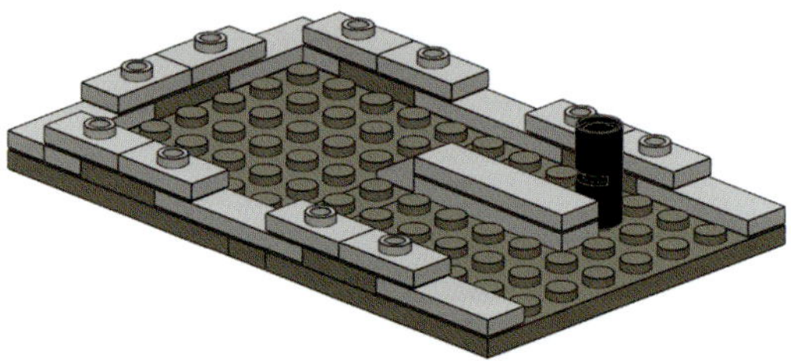

4

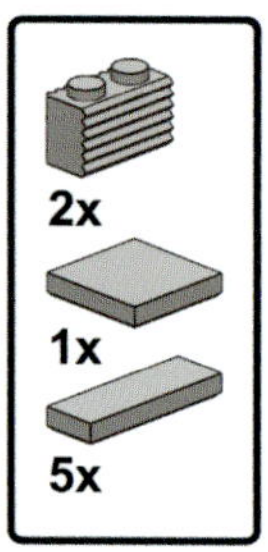

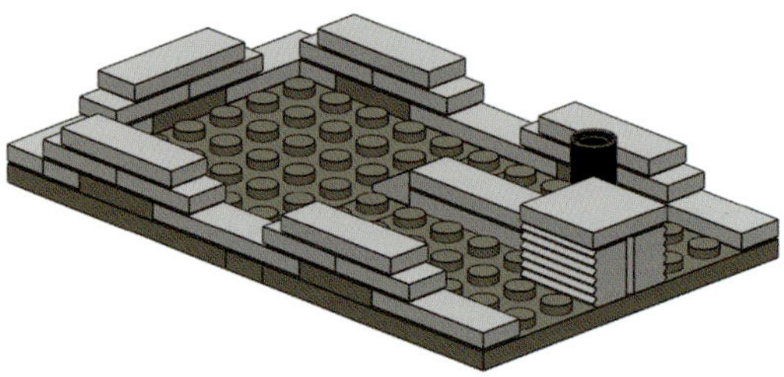

WIR HOFFEN, DIE KLEINE TOUR DURCH UNSERE STADT HAT EUCH INSPIRIERT, EIN EIGENES „MODULARES HAUS" ZU ERSCHAFFEN – ODER VIELLEICHT EIN GEBÄUDE IM MICRO-MAßSTAB?

FÜR MEHR INSPIRATION SCHAUT EUCH DOCH AUCH UNSER ERSTES BUCH „HÄUSER AUS LEGO® STEINEN" AN.